Humor

antídoto del estrés

Luis Muñiz Hernández

Humor

antídoto del estrés

Luis Muñiz Hernández

EDITORIAL
THAUMASSIA

"Si no esperamos lo inesperado no lo reconocerás cuando llegue."

Heraclito, 540-470 A.C

A mis hijos Bayoán,
Beatriz, Gabriela,
Miguel e Irene.

AGRADECIMIENTOS

En el 2016, a mi regreso a Puerto Rico mi amiga Nirvana González Rosa me presento a su gente. Con ella conocí a Doris Santos Berrios, Carlos Guzmán, y al equipo creativo de ZOOMideal, Arturo Morales Ramos y Juan Carlos Torres Cartagena. Todos ellos han colaborado en la publicación de este libro. Me sorprendió mucho que ha poco de mi regreso estuviera tan rápidamente produciendo este libro. Me sentí como si en ZOOMideal me estuvieran esperando para este gran proyecto.

A todos ellos, les estoy profundamente agradecido por colaborar conmigo y por la amistad que nos une y nos lleva a compartir la risa.

EDITORIAL
THAUMASSIA

HUMOR: antídoto del estrés
Primera edición
© 2017 Luis Muñiz Hernández
© 2017 Editorial Thaumassia

ISBN-13: 978-1540612991
ISBN-10: 1540612996

Diseño y producción: ZOOMideal
Director de Arte y Diseño: Juan Carlos Torres Cartagena
Asistente de Diseño: Karmen Olmo
Director de Producción: Arturo Morales Ramos

Impreso en Estados Unidos

Contenido

Prólogo

"La seriedad es el único refugio de los seres superficiales."

Oscar Wilde (1854-1900) Irlanda

Fue en Lisboa – 1994- cuando Luis y yo nos conocimos en una Conferencia mientras cenábamos sentados uno al lado del otro. Era un encuentro de Norte y Sur. Tenía una educación académica en ciencias sociales con un enfoque que enfatizaba lo cuantitativo – lo neutral, objetivo, y, sobretodo, lejos de nuestras propias experiencias. Existía la perspectiva de la sociedad: lo que verdaderamente importaba era el grupo y no un individuo.

Mi campo de estudio había sido la Cultura de la Salud. La formación de Luis era en Ciencias Naturales como punto de partida transferido en una dirección humanística. Su tema de estudio ha sido el humor y la mente. Veníamos casi de mundos opuestos y también nuestras culturas: Puertorriqueña y Finlandesa.

En ese tiempo vivía bajo unas circunstancias muy difíciles. Mi familia había comprado una propiedad en el campo y Finlandia estaba en recesión económica. Tenía solamente una posición temporera en la Universidad de Kuopio. Al terminar la cena había logrado una perspectiva humorística de mis problemas. Además, nuestra gran amistad y co-operación había comenzado.

Las ideas de este libro surgieron durante los años desde nuestro encuentro en Lisboa. Se desarrollaron durante nuestros diálogos preparando nuestros cursos de Humor y Bienestar que trataban de cómo enfrentarse a las dificultades y comunicación terapéutica. Los cursos se celebraron en la Universidad de Kuopio (hoy día University of Eastern Finland). Era un concepto nuevo y único en Antropología Médica, siendo parte del currículum de Salud Pública Internacional para el Master en Salud Pública.

El contenido del curso se construye con el método dialógico en el que alumnos de 27 países comparten sus influencias. Nuestros diálogos – Luis y yo – surgieron en varios lugares en Segovia (España), Kuopio (Finlandia) alrededor de mi mesa de la cocina y en el mercado de Kuopio, y durante los últimos cuatro años en el Monasterio Ortodoxo de Valamo, Finlandia. Nuestro enfoque se basaba en experiencias y emociones. Se usó literatura clásica como referencia junto con estudios científicos tradicionales de las ciencias naturales. Ese método exhaustivo ha sido muy diferente a los métodos científicos tradicionales que solía descuidar, desatender la cualidad humana. Tuvimos mucha suerte que el director del Departamento de Salud Pública de la University of Eastern Finland -Jussi Kauhanene – nos brindó siempre su apoyo y así tuvimos la oportunidad de una nueva experiencia en el currículum de medicina.

Es muy interesante como un estudiante de medicina describe su experiencia de aprendizaje en el curso:

"Es diferente a los cursos ordinarios donde tomamos apuntes, recibimos clase, contestamos preguntas, copiamos notas, repetimos…. e incapaz de pensar por nosotros mismos. Por consiguiente, no hay conocimiento, ninguna participación emocional ni ningún sentido profundo real de vivir y aprender…."

El propósito principal en este libro es búsqueda de la vida más allá de la cultura. Esto es común a todos los seres humanos. Esto significa, por ejemplo, encontrar humanidad. Comenzar a pensar qué es lo verdaderamente importante en esta vida, qué es actualmente buena calidad de vida y cuál es el valor del ser humano.

Es decir, no descuidar, desatender los sentimientos de los seres humanos sino todo lo contrario: enfocar en sufrimiento y encanto, alegría y tristeza, vida y muerte, humor y seriedad y todas las variaciones de la vida. No podemos ponerlas a un lado en nombre de neutralidad y objetividad, creyendo que a través de esta estrecha perspectiva podríamos alcanzar la verdad de los seres humanos. De esta manera realmente perdemos humanidad!!!

Tuula Waskilampi
Ph.D. / Emeritus Professor, School of Public Health
Medical Sociology and Medical Anthropology
School of Public Health and Nutrition
Department of Medical Sciences
The University of Eastern Finland

INTRODUCCIÓN

Reír y jugar: O te ríes de la realidad o ella se ríe de ti

"Para mí, nada puede haber más fantástico que la realidad."

> "Aprendí a reírme de las cosas que me sucedían y me molestaban."

MARY F. (51años)
Afroamericana de Harlem, Nueva York

Reír y jugar: O te ríes de la realidad o ella se ríe de ti

Cabe preguntarnos que función tienen reír y jugar en la evolución de la experiencia humana? Que función tienen en el individuo y en la sociedad? Como se afecta el metabolismo de la persona y la sociedad? Donde estamos hoy día en Occidente? Debemos preguntarnos honestamente: Estamos entrando en la realidad o saliendo de ella? O mejor, estamos en la realidad o instalados en la apariencia? La realidad es todo aquello que nos humaniza, nos hace más sensible a los demás y nos expande la consciencia de existir.

Hoy día vamos descubriendo los beneficios de la risa y su impacto en nuestro sistema inmunológico y nuestra salud. El humor – como expresión de la experiencia humana – de contacto directo con el otro ser humano, sobresale como una actividad creativa de pensamiento e imaginación para compartirse, apreciarse y cultivarse. La risa nos humaniza y nos hace estar alegres.

Nuestra mayor deuda humana la tenemos con los Griegos. Ellos fueron quienes descubrieron al ser humano. Los griegos del mundo antiguo nos legaron una experiencia de vida que nos mantiene la vida hoy día. Nuestra vida se nutre todavía de la suya. Nos evidenciaron que en este mundo lo sabemos todo entre todos.

"La alegría es la salud del cuerpo" – nos dice Tales de Mileto (640-560 a. c.). La alegría es fuente de energía vital para vivir con cordura y disfrutar de la vida, y así poder hacer todo lo mejor posible.

En Grecia Antigua la risa era universal. Platón (427-347 a. c.) declara que el *agelastoi* (los que no se ríen) eran los menos respetables de los mortales. La primera referencia al elemento mental de lo que llama humor es de Aristóteles (384-322a,c,). En su libro La Poética la palabra que para representarlo se traduce como lo **ridículo**. Su definición afirma que lo ridículo es aquello que es en sí mismo incongruente, y no implica la noción de peligro o dolor. Lo cómico surge en la zona media entre lo serio y lo absurdo que Aristóteles llamo lo ridículo.

La teoría de lo incongruente de Aristóteles se conoce como la teoría de la desilusión, o expectativa frustrada. Implica un sentimiento de pérdida o fracaso. Ocurre un encuentro de asombro o sorpresa con lo inesperado e implica la experiencia humana de sufrimiento. Es importante tener en mente que los Griegos afirmaban que humano quiere decir mortal. Es un hecho humano que no podemos brincar fuera de la sombra ni de las emociones. También es humano aceptar el sufrimiento como una condición inevitable de la que no podemos saltar o evitar, Por eso es importante conocer como el humor es un escape al sufrimiento.

En su tiempo Pericles (495-429 a. c.) añadió a la Humanidad una frase que es una síntesis majestuosa de la mentalidad que forjo la grandeza humana de su época, y que - tal vez- nunca hayamos superado.

"Amamos la belleza sin lucro
y el conocimiento con sinceridad"

Se dice que hoy vivimos la era de la información. Ojalá entremos pronto en la era del conocimiento y así preservemos al Planeta y la vida. Vivimos en la euforia del glamour del dinero. Además, cada día tenemos más información de tecnología, pero menos de lo humano. Parece que las maquinas acabaran hablando por nosotros y la inteligencia artificial organizara el mundo.

Podemos afirmar que el humor es la vida sin teoría. Pero recuperando la perspectiva humana de jugar con la realidad en vez de que ella juegue contigo. También surge un encuentro creativo con el otro ser humano para jugar con la realidad.

Hay un poder escondido del jugar y la risa que nos mueve más allá del miedo al jugar con la realidad o lo serio oficial. Esta experiencia de poder trae cambios que hace una diferencia muy significativa para la persona y para los demás. Curioso cómo se prohíbe el humor, pero no el miedo.

Existen tres dimensiones de la risa. Es considerada - la distancia mas corta entre los seres humanos. Mientras más risa compartida más cercanía. Segundo, es una fiesta en el cuerpo debido a todos los cambios químicos que ocurren en el cerebro y el cuerpo y sus efectos impactantes en la salud física, social y mental. Tercero, cuando jugamos con la realidad la mente está respirando con la imaginación. En el Renacimiento el ser humano logra recuperar toda su mente y la imaginación se imagina a si misma.

En el mundo griego lo que produjo la más completa lucidez en el ser humano – no fue la cultura griega sino la energía de vida única que se transformó en consciencia humana. Consciencia que nos dejaron para añadirla a nuestro vivir. Consciencia basada en amor sincero a la Vida, consciencia sincera del vivir. Donde ni el miedo ni el pavor podían superar el entusiasmo, pasión de vida que les evoluciono su cerebro. Ellos actualizaron la química del asombro del cerebro, y descubrieron la mente, el intelecto y la pasión por la verdad de conocer, lo bueno y la belleza.

Después del declive del mundo griego, la mente en el mundo occidental se llenó de culpa, muerte, diablos, pecados, miedos. La mente se fue nublando. Se produce una degradación de la consciencia humana.

La mente desprovista de la risa, pues había sido sustituida por el miedo que desvanece a la imaginación. Que sucede en el cerebro humano? Que se actualiza el cerebro antiguo donde yace la emoción más antigua y poderosa del ser humano: el miedo y todo lo que trae y produce en contra de lo humano.

La risa en la historia

Hay que replantearnos la llamada historia desde la risa – aunque no se haya escrito la historia de la risa. Cuando la risa de la Edad Media alcanzo al Renacimiento, se convirtió en expresión de la nueva consciencia histórica libre y critica de la época. La risa se transformó de ser una expresión espontánea de la existencia a ser expresión de una consciencia crítica y artística con objetivos específicos.

La cultura oficial medieval se caracterizaba por su exclusivo tono serio. La seriedad se imponía como la única manera posible de dar a entender la verdad, lo bueno, y, en general, todo lo considerado importante y valioso. Esta situación dio lugar para que el miedo, la veneración, la docilidad y la obediencia se convirtieran en tonalidades del tono serio. Sin embargo, hay que reconocer que la risa es tan universal como la seriedad. Ambas abarcan historia, sociedad y concepto de mundo.

La nueva consciencia que surge de lo cómico medieval en el Renacimiento tuvo una consciencia muy lucida de percibirla como una victoria sobre el miedo, El ser humano comenzó a reírse del miedo y de sí mismo. A través de la risa el individuo fue más allá del miedo. No solo supero los miedos externos sino también los miedos internos que había asimilado.

Un ejemplo muy impactante es el miedo a la muerte y al diablo que tanto protagonismo tenía en ese tiempo. En el carnaval del Renacimiento es cuando el ser humano se disfrazó de la muerte y del diablo y comenzó a reírse de ellos, y así los iba sacando de su mundo interno y de su mundo externo. La mente se iba limpiando de esos miedos y su cerebro se iba transformando. Al reírse de la realidad, la mente comenzaba a respirar con la imaginación y así volvía a recuperar su alegría de vivir.

La aventura, pasión por la vida y la belleza humana volvieron a aportar la energía para renacer. De aquí que el cerebro humano comenzó a salirse del letargo de apatía y falta de curiosidad en que estuvo atrapado durante tantos siglos. La mente dejo de arrastrar el pasado y se enfoca al mañana, al futuro.

La risa ayudó a la gente a mirar al mundo desde un nuevo punto de vista- en su perspectiva más jubilosa y lúcida. En el Renacimiento se abre un panorama social más amplio. Se logra una lucidez incurable, pues el vínculo ausente se había alcanzado con la mente que ha desterrado el miedo, y se busca la libertad de pensar, conocer y se retoma la búsqueda y pasión por la belleza y sinceridad de vida.

Se puede afirmar que el ser humano vuelve a lo terrenal con la risa del carnaval.

Las relaciones entre el individuo y lo universal, entre el alma humana y dios, tendía cada vez más, a ser desplazadas por relaciones entre hombre y hombre, y lo tradicional y absoluto por un fluir de relatividad. La gente pudo distanciarse de la experiencia y lograr una mirada irreversible al mundo y lo humano. Por lo tanto, es posible afirmar que la gente se vieron viviendo, y se encontraron a si mismo como divertido. Si se tomaban muy en serio pasarían al ridículo.

El humor es una síntesis mágica de la risa ya que implica que nuestras creencias serias – asumidas- se encuentran con una contradicción o contraste. Por lo tanto, el humor convierte al ser humano en trespasser en el mundo social del monólogo. La gente se hace consciente de las cosas desde otra perspectiva. Nos obliga a un nuevo significado de lo que sabemos. El descubrir - o desaprender- lo obvio es un reto continuo. Esto significa que hay una perspectiva dinámica implícita en la risa.

El marco del humor esta basado en el proceso de conocer en vez del conocimiento. La persona se ubica siempre en el umbral de su pensamiento presente. Desde ahí juzga, critica, admira o se ríe del mundo humano con que se topa. Es también desde ahí que tiene la oportunidad de descubrir algo nuevo. Además, el dialogar y la risa son experiencias que hacen que ser humano se percate de la perspectiva dinámica del mundo.

El sentido del humor es un marco de experiencia basado en la estética del desengaño. Dicho marco es el que posee el inconformista y la gente creativa, e implica una lucha constante por entender y disfrutar la existencia humana. Conocer, entender e imaginación nutren el humor. Por lo tanto, humor autentico es el reverso de la amargura. Es búsqueda para apreciar la vida en sus múltiples expresiones y sentimientos, e implica el coraje del entusiasmo.

El humor sitúa al ser humano en su contexto universal real: lo inmediato y sus límites. En este umbral la persona esta acompañada de su conocimiento, su ignorancia y el asombro de la experiencia de descubrir algo inesperado, Pero la estética del desengaño, desilusión produce un proceso de revitalización de espontaneidad y de curiosidad juguetona que es reto a la creatividad y comprensión de la persona pues es consciencia del otro, presencia por ausencia. Se alude (Lat. **alludere, jugar con)** a lo contrario. Nos obliga a buscar una nueva explicación, interpretación de la realidad._

Es evidente que el humor es la vida sin teoría. Implica consciencia del presente y descubrimiento de que en la vida todo está en juego. Existe una diferencia persistente entre el nuestro mundo interior y el mundo externo, y necesitamos distanciarnos de esta diferencia para entender y decidir que es lo mejor para vivir.

En el humor hay un proceso de revitalización, pues parece que solo podemos sobrevivir la realidad a través de la risa. La risa, el llanto y la sonrisa son emociones que construyen y transforman nuestro cerebro.

Hoy sabemos como el humor es un escape al sufrimiento, y nos libera de la opresión, de la tristeza, amargura, enfado, ruido, la oscuridad,,,,,y nos lleva a jugar con la realidad y así recuperar la alegría de vivir. La risa nos hace estar alegres. El humor es la vida sin teoría – pero jugando y riéndonos de la realidad para así poder bregar con ella y superar el presente.

Hoy se escuchan con más fuerza las palabras de F. Dostoievsky:

"A todos nos toca amar la vida más que
su sentido".

Las palabras de Frantz Fanon (1925-1961) también nos mueven a replantearnos lo humano:
"No soy prisionero de la Historia'
No debo buscar ahí el sentido de mi destino...
Es superando lo que ha sido dado
históricamente...
que comienzo el ciclo de
mi propia libertad".

Humor: antídoto del estrés

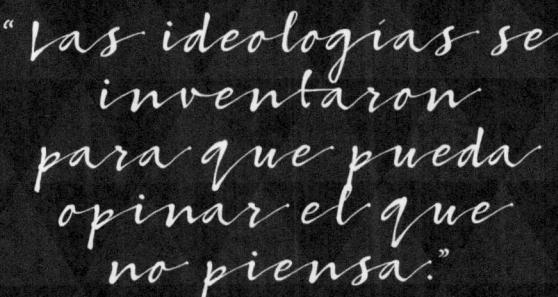

"Las ideologías se
inventaron
para que pueda
opinar el que
no piensa."

Nicolás Gómez Dávila

"Aprendí a no ser tan rígida, a ser más flexible, a enfrentarme a la rabia, al enfado y la hostilidad."

JANET G. (35 años)
Puerto Rico

Humor: antídoto del estrés

En el llamado mundo democrático occidental de hoy día nos sentimos súbditos del consumismo en lugar de ciudadanos. Además, la llamada globalización es como un cheque sin fondo que nos han pasado y la llamada participación ciudadana recibe respiración artificial de los mercados.... Europa sufre, padece de un empacho tremendo de corrupción y mediocridad política que requiere mucha energía e ilusiones para seguir adelante...

Como dice el proverbio chino: "Cuando el dinero habla, la verdad calla". O como decía Voltaire:"Cuando se trata de dinero todos son de la misma religión". A la corrupción se le llama muy diplomáticamente -crisis financiera; y a la decadencia se le califica de crisis... Nada mas. Se puede llegar a la conclusión que si no funcionamos peor es porque no nos sobra tiempo... Así nos va... Parece que no hay valores que compitan con el dinero... Cabe preguntarnos: ¿qué papel juega el humor en este mundo como tal..?

Dentro del mundo de la comunicación entre los seres humanos, el humor es una experiencia vital que se distingue por sus efectos sobre la salud, la vida mental y la alegría de vivir. Resulta imposible vivir sin tener sentido del humor. La persona que no haya desarrollado su sentido del humor no se asegura su supervivencia ni la supervivencia de los demás.

Además, la evidencia científica demuestra que existe una estrecha relación entre sistema nervioso, endocrino e inmunitario: tanto las emociones positivas como el estrés crónico determinan, para bien o para mal, nuestra salud. Así que hay que decidir entre sacar tiempo para hacer las cosas bien o hacerlas mal...

Durante los últimos cuarenta años es cuando se comienza a estudiar en profundidad la importancia del sentido del humor en la vida y en la salud del ser humano. Comienzan a aparecer trabajos pioneros que establecen los fundamentos científicos para la investigación y la aplicación de su estudio en el desarrollo del sujeto humano. Las investigaciones evidencian el valor insustituible del humor en la salud física, psicológica, social y cultural, y sus implicaciones en el desarrollo ético/ estético tan necesario para la convivencia y el disfrute de la vida. La experiencia del humor nos lleva a confirmar que la alegría es el estado normal del ser humano, y que el humor es un escape al sufrimiento.

El mundo actual presenta unos cambios muy significativos en cómo el ser humano se ha planteado la vida. Las tres divinidades mitológicas del mundo antiguo, y que personifican el **Asombro**, la **Alegría** y el **Buen Ánimo**, y cuyo poder se extendía en la antigüedad sobre cuanto tenía relación con el agrado de la vida, en la actualidad han sido desalojadas de su pedestal por las TRES GRACIAS MODERNAS: LA **PRISA**, EL **CONSUMISMO** Y EL **ÉXITO**. Estas han desheredado al ser humano de lo placentero, lo atractivo y lo bello. Con ellas ha surgido la "cultura" del estrés, y la lucha del ser humano por complicarse la vida. Parece que hay un esfuerzo incesante por hacer las cosas mal.

Quizás por ello ahora se entiende mejor lo que decía a mediados de siglo XX el escritor italiano Giovanni Papini :

"La tragedia del hombre moderno no estriba
en que le quiera vender el alma al diablo,
sino en que el diablo ya no se la quiere
comprar".

El humor es un antídoto contra todo aquello que deforma, falsifica la realidad y nos niega la vida humana, y, por consiguiente, nos afecta la alegría de vivir. Podemos identificarlo como la humildad natural del ser humano. El humor es un escape al sufrimiento, y la lucha incesante por afirmar la alegría de vivir.

El humor nace de una experiencia radical del ser humano: el sentir los límites de lo individual. El contexto universal del humor es lo inmediato y sus límites. Por lo tanto, el humor implica vernos viviendo. Es una matriz de acción que nos mueve a una perspectiva abierta para entendernos. En ella están implícitos los siguientes factores: aceptar las limitaciones, corregir errores, abrirnos a la experiencia, superar los límites que nos imponen, y superar los límites que nos imponemos, y, principalmente, escapar del sufrimiento.

La risa- como el llanto - son expresiones límites del ser humano - de su limitación consciente. Es decir, ambas son respuesta cuando no se tiene respuesta. Ante la no respuesta o acción, nuestro cuerpo responde por nosotros, y así nos protege ante situaciones límites y paradójicas.

La risa es un forma de protección intelectual que tiene el ser humano ante un mundo que no puede cambiar, y es también un mecanismo biológico del que dispone para expresar tanto su alegría como para reaccionar ante una situación para la que no se tiene respuesta.

Para el ser humano, contar con el don de la risa y el sentido del humor es un privilegio que permite no sólo soportar el presente y sus dificultades, sino amarlo lo suficiente como para tratar de corregirlo, y así reafirmar su alegría de vivir. La risa y el humor son claramente escapes al sufrimiento. Como lo ha expresado Chaplin: "El humor es el dolor que ríe". Gracias a la risa que nos saca de la seriedad abrumadora o aplastante de la realidad, el mundo se transforma momentáneamente en un lugar de juego.

A través del marco del humor la realidad se transforma en algo cómico, irónico, ridículo o absurdo. Por tanto, la risa nos ayuda a enfrentarnos a la realidad. O nos reímos de ella, o ella se ríe de nosotros.

La risa tiene efectos positivos sobre la salud, no sólo la protege, sino que también la mejora cuando ésta se debilita. El humor es expresión de salud y alegría, realidad que queda patente en el dicho popular:

Alégrate corazón,
aunque sea por la tarde.
Corazón que nos se alegra,
nunca cría buena sangre"

El sentido del humor: Una experiencia

*"El primer paso
de la ignorancia
es presumir saber".*

Baltazar Gracian (1608-1658) España

"El Humor es la energía
extra que añadimos a
la Vida."

MARJORY F. (28 años)
Haiti

El sentido del humor:
Una experiencia

El buen humor como actitud personal

La capacidad de reír, sonreír y llorar, y el sentido del humor nos caracterizan como personas tanto como la capacidad de expresarnos oralmente. En las experiencias de la risa, la sonrisa y el llanto participan conjuntamente:

- el cuerpo (reacción física)
- el entorno cultural (mundo ideológico)
- y la mente (especialmente la imaginación)

Así pues, la risa es un fenómeno que afecta al ser humano globalmente, e incide directamente en su salud.

Todos consideramos que la capacidad de sonreír y apreciar las cosas divertidas puede ser un factor indicativo de bienestar. Si estamos cansados o estresados es probable que no logremos ver determinadas situaciones bajo el prisma del humor. En cambio, si nos encontramos a gusto en una situación y nuestro equilibrio emocional es pleno y satisfactorio nos mostraremos más receptivos a situaciones que puedan llevarnos a la risa.

La risa

En varias épocas de la historia, se ha visto reír como algo primario e incluso denigrante, pero la risa tiene un valor social muy importante y guarda una estrecha relación con la lucha por la supervivencia, puesto que permite afrontar las dificultades de la vida. La risa crea, libera y renueva y es el mejor antídoto contra el sentimiento de miedo que anula la libertad.

En general nos reímos cuando percibimos una contradicción, una confusión o un acto sin sentido. La risa es una respuesta de superación o descubrimiento. Nos obliga a abrir la mente, a relacionar términos opuestos, a observar el mundo desde otros puntos de vista, en su faceta más alegre y lúcida. Nos reímos de lo que se sale de lo cotidiano, de lo inhabitual e inesperado. Por eso puede decirse que lo cómico es fruto de una civilización avanzada y que sin pensamiento no se puede generar humor.

La risa también nos permite liberarnos de ideas dogmáticas o rígidas que nos vienen impuestas, porque descubrimos el carácter relativo de éstas. De este modo podemos liberar nuestra conciencia, pensamiento e imaginación y dejarlos disponibles para el desarrollo de nuevas posibilidades.

Además de este impacto sobre nuestra forma de ver las cosas, tanto el llanto como la risa son válvulas de escape en momentos en que necesitamos liberar emociones excesivas o tensiones, aunque provienen de fuentes distintas y tienen efectos distintos.

	Fuente	Efecto
Risa	Rama simpática del sistema nervioso	Suministra energía para entrar en acción
Llanto	Rama parasimpática del sistema nervioso	Disminuye la presión sanguínea y el pulso; tiende a la tranquilidad

La risa como vínculo social

No podemos hablar de la risa sin mencionar su carácter social. No es muy frecuente que riamos frente a una situación cómica si estamos solos, aunque apreciemos su comicidad. En cambio, la misma situación puede provocarnos carcajadas cuando estamos reunidos con amigos, o en el cine. La interacción social estimula la risa y es una manera de establecer un vínculo, aunque sea breve o superficial, con las personas que tenemos más cerca.

Como fenómeno social, la risa siempre es con o hacia alguien, incluso hacia nosotros mismos. En este caso, el humor es un recurso fruto de la madurez y la inteligencia: saber reírse de uno mismo es tan importante como tener una buena autoestima e implica verse desde una perspectiva cómica. Para muchos constituye una conquista difícil debido a la importancia que tendemos a atribuirnos, y a nuestro omnipresente miedo al ridículo, pero saber reírnos de nosotros mismos constituye uno de los mejores ejemplos de equilibrio emocional: las personas vanidosas, enojadas o asustadas no son capaces de hacerlo.

La risa y el sentimiento

La risa no es un acto reflejo simple, sino que resulta de un proceso en el que ha intervenido una emoción o sentimiento. Como señalaba A. Koestler (1905-1983), los seres humanos no pueden cambiar de estados de ánimo con la misma rapidez con que saltan de una idea a otra. Esto da lugar a que los pensamientos y emociones se disocien frecuentemente. En este caso, la risa es el acto reflejo de liberación de la emoción abandonada por el pensamiento porque, aunque este último es más rápido, la emoción tiene mayor ímpetu.

La risa y el humor se consideran un antídoto natural contra los problemas que puedan surgir de nuestras emociones, puesto que restablecen la homeostasis, estabilizan la presión sanguínea, oxigenan la sangre, dan masaje a los órganos vitales, estimulan la circulación, facilitan la digestión, relajan el sistema nervioso y producen un sentimiento de bienestar.

El proceso del humor

El humor es un fenómeno complejo que implica un proceso de madurez en que el sujeto afronta situaciones con una actitud positiva. Enfrentarnos a algo con sentido del humor implica ver la realidad por oposición, por contraste, observar del derecho y del revés al mismo tiempo.

Utilizamos el humor como recurso para enfrentarnos a la tensión y a la frustración que generan situaciones difíciles. De esta manera evitamos que las emociones negativas, como el miedo o la tristeza, nos abrumen, si bien es cierto que no siempre podemos recurrir al sentido del humor cuando nos hallamos en una situación dolorosa o angustiante. En estas circunstancias nuestro cuerpo concentra su esfuerzo para proporcionar recursos (estar alerta, prepararse para la acción) ante las agresiones que podamos estar sufriendo, de manera que no nos queda energía para compartir con lo cómico.

Al reírnos, además, nos enfrentamos a la realidad del mundo tal como es, y no como debería de ser. La distancia –a veces enorme- entre ambos términos es la que nos puede llevar a la carcajada y al reconocimiento de nuestros propios límites y nuestra ignorancia. El humor nos ayuda a comprender la fuerza de los hechos, de la realidad, mediante el contraste, de manera que desarrollamos un espíritu de observación y estamos predispuestos a captar las incongruencias de la vida.

El humor es la capacidad de percibir relaciones originales entre los seres, los objetos, las ideas y las situaciones antes de comunicar tal percepción a los demás. Las personas con sentido del humor tienen la habilidad de cambiar de marco de referencia, cosa que les permite distanciarse de la amenaza inmediata de una situación de tensión y, por consiguiente, reducir los sentimientos de ansiedad, de impotencia y de debilidad.

Como recurso terapéutico, el humor es un antídoto contra las emociones negativas: estimula la imaginación, activa el proceso de revitalización de la espontaneidad y de la curiosidad. El humor nos aleja de la realidad abrumadora, la seriedad, con una actitud de afrontar la realidad como abierta a interpretaciones y posibilidades, ya que no existe un solo punto de vista absoluto.

Aunque las dificultades, el descontento y el inconformismo sean fuente de progreso, la vida sería mucho más complicada si la tomáramos totalmente en serio. Sin alegría y sentido del humor la realidad del mundo parecería insoportable e injusta. En el humor y en la risa nos decantamos hacia la alegría de vivir y no hacia lo negativo, superamos el malestar y nos situamos en un punto de vista positivo, nos sentimos alegres y libres.

La risa es una suerte de protección intelectual del ser humano ante un mundo que no puede cambiar, y es a la vez un mecanismo biológico del que disponemos para expresar tanto nuestra alegría como para reaccionar ante una situación para la que no tenemos respuesta.

Contar con el don de la risa es un privilegio que permite no sólo soportar el presente y sus dificultades, sino amarlo lo suficiente como para tratar de corregirlo. Gracias a la risa convertimos el mundo en un lugar de juego.

Salud y risa

En su aspecto más físico, reír se puede comparar al ejercicio aeróbico, pues aumenta la circulación de la sangre, el ritmo respiratorio y la oxigenación general del organismo. Además, ejercita los músculos y estimula el sistema inmunológico.

A este impacto físico, hay que sumarle el proceso de relajación que sigue a la risa y que brinda una sensación placentera de alegría. La risa constituye una válvula de escape muy poderosa. Se ha calculado que en ocho horas de estrés podemos invertir la misma cantidad de energía que empleamos en cuarenta horas de trabajo. Mediante el recurso de la risa y del humor podemos enfrentarnos a situaciones estresantes o críticas y liberar la tensión que nos producen, suavizando además el impacto que suponen en nuestra salud.

El conjunto de beneficios de la risa y el humor en la salud ya está empezando a aplicarse en el campo sanitario. Muchos hospitales cuentan con el apoyo de payasos y de grupos de voluntarios en las plantas donde hay niños ingresados. Su papel es el de ofrecer una alternativa emocional a las preocupaciones tanto de los pacientes como de sus familiares.

También se ha comprobado que el humor genera ciertos efectos en el cuerpo humano que son capaces de revertir determinadas situaciones patológicas o, al menos, de aliviar enfermedades: al reír desciende el nivel de cortisol en nuestra sangre que se genera con situaciones estresantes y aumentamos nuestras defensas fortaleciendo el sistema inmunológico. También cuando reímos estamos estimulando la secreción de endorfinas, hormonas que proveen un alivio natural al dolor.

La risa también aumenta la inmunoglobulina salivar A, que es la primera defensa del cuerpo contra toda infección que trate de entrar en el organismo a través de las vías respiratorias. Además, tiene un efecto de relajación muscular, ayuda a reducir los síntomas de neuralgia y de reuma, facilita la entrada de una cantidad de aire tres veces superior en los pulmones que con la respiración normal, lo cual nos ayuda a combatir problemas respiratorios crónicos. También ayuda a que los nutrientes y el oxígeno circulen por los tejidos del cuerpo, y disminuye la tensión arterial y la sanguínea.

Muchas de las enfermedades más comunes en la actualidad (migrañas, alergias, hipo o hipertensión, úlceras, reumatismo, anorexia, etc.) tienen su origen en factores emocionales. En estos casos la risa actúa como un agente liberador de la tensión que estas emociones producen y de sus efectos negativos en el cuerpo.

En términos generales, la risa genera satisfacción y bienestar, elimina la angustia, la tensión y la ansiedad, aumenta la autoestima, estimula la imaginación, agudiza la atención, expande la mente, y disminuye las preocupaciones y los miedos.

EFECTOS DE LA RISA

Ámbito	Efectos
Efectos físicos	- Aumenta la circulación de la sangre, el ritmo respiratorio y la oxigenación general del organismo. - Ejercita los músculos y disminuye la tensión arterial y sanguínea.
Efectos en el sistema inmunológico	- Aumenta la inmunoglobulina salivar A, primera defensa del cuerpo contra toda infección de las vías respiratorias.
Efectos hormonales	- Desciende el nivel de cortisol en nuestra sangre. - Estimula la secreción de endorfinas, hormonas que proveen un alivio natural al dolor.

Efectos psicológicos	- Sensación de relajación y alegría. - Válvula de escape. - Aumenta la autoestima. - Estimula la imaginación, agudiza la atención, expande la mente. - Disminuye las preocupaciones y los miedos.

La comunicación terapéutica del humor

"El humor es el dolor que ríe".

Charlie Chaplin

"Hubo un cambio significativo en salud: asma, migraña, estómago. Llevaba un tratamiento de migraña. Me quedé sin migraña...."

MAXY F. (45 años)
República Dominicana

La comunicación terapéutica del humor

Dentro del mundo de la comunicación entre los seres humanos, el humor es una experiencia vital que se distingue por sus efectos sobre la salud, la vida mental y la alegría de vivir. Resulta imposible vivir sin tener sentido del humor. La persona que no haya desarrollado su sentido del humor no se asegura su supervivencia ni la supervivencia de los demás.

La risa es un forma de protección intelectual que tiene el ser humano ante un mundo que no puede cambiar, y también es un mecanismo biológico del que dispone para expresar tanto su alegría como para reaccionar ante una situación para la que no se tiene respuesta.

Para el ser humano, contar con el don de la risa y el sentido del humor es un privilegio que permite no sólo soportar el presente y sus dificultades, sino amarlo suficiente como para tratar de corregirlo, y así reafirmar su

alegría de vivir. La risa y el humor son claramente escapes al sufrimiento. Como lo ha expresado Chaplin: "El humor es el dolor que ríe". Gracias a la risa que nos saca de la seriedad abrumadora o aplastante de la realidad, el mundo se transforma momentáneamente en un lugar de juego.

El humor es una capacidad humana que necesitamos apreciar y cultivar para enfrentarnos a la vida. El adulto, adolescente o niño que percibe algo cómico experimenta una experiencia placentera que implica un sentimiento de diversión y tiende a sonreír o reír. La risa y la alegría ejercen una función terapéutica ante el sufrimiento, pues se logra restablecer una unidad perdida, o se encuentra una nueva unidad o armonía.

El humor juega un papel muy importante como proceso terapéutico, ya que tiene un impacto beneficioso sobre el cuerpo y la química de la mente, y resulta ser eficaz en el proceso de comunicación del ser humano consigo mismo y con los demás.

La experiencia del humor es un proceso continuo de comunicación terapéutico que, además, mejora y profundiza la comunicación humana. El humor es un antídoto contra la adversidad y contra todo aquello que degrada la vida del ser humano y afecta su alegría de vivir.

Humor *antídoto del estrés*

Nace de la experiencia radical del ser humano: cuando siente los límites de lo individual, descubre su fragilidad y vulnerabilidad.

El contexto del humor es lo inmediato o actual, y sus límites; por lo tanto, implica verse viviendo y sintiendo la vida. Como actividad de la inteligencia, el humor es una matriz que ayuda a aceptar las limitaciones, abrirse a la experiencia y, lo más importante, escapar del sufrimiento. A través del marco del humor, la realidad se transforma en algo cómico, irónico, ridículo o absurdo.

El humor es expresión de salud y alegría pues se mira hacia la alegría de vivir y no hacia la amargura. Con ayuda de la risa, la persona supera el malestar que siente y busca lo positivo de la realidad de vivir. Esta realidad queda patente en el dicho popular que lo expresa de esta manera:

Alégrate corazón,
aunque sea por la tarde.
Corazón que no se alegra
nunca cría buena sangre.

Efectos de la risa en el cuerpo

Se puede afirmar que LA RISA ES UNA FIESTA EN EL CUERPO si consideramos cómo nos protege y potencia nuestro sistema inmunológico. La risa tiene efectos positivos sobre la salud. Reírse no sólo protege la salud, sino que también la mejora. La risa afecta al cuerpo en su totalidad; es un impacto en todo el ser humano.

Sabemos que el estrés provoca cambios fisiológicos adversos, mientras que la risa es su antídoto. La risa y el humor son escapes al sufrimiento. Éste resulta de la diferencia entre las aspiraciones del ser humano y la realidad que le toca vivir. Ante la inevitabilidad del sufrimiento, la incertidumbre y la adversidad tenemos que plantearnos cómo éstos pueden dar lugar a la aparición de enfermedades y considerar la importancia del sentido del humor ante dichas experiencias.

Está demostrado científicamente que el humor y, en consecuencia, la risa, generan ciertos efectos en el cuerpo humano que son capaces de revertir determinadas situaciones patológicas y ayuda a curar o, al menos, aliviar enfermedades. La risa y el humor influyen sobre los sistemas cardiovascular, respiratorio, endocrino, muscular, central e inmunológico.

Nuestra voluntad de vivir y el sentido del humor movilizan los mecanismos naturales del cuerpo para resistir la enfermedad. Sobrevivimos a situaciones de crisis porque estamos dotados de mecanismos biológicos y psicológicos que nos permiten responder de una manera creativa frente a una inmensa diversidad de retos. Por ejemplo, la risa hace descender el nivel de cortisol en la sangre que se produce en el estrés. Fortalece, además, el sistema inmunológico y ayuda a combatir infecciones. También con la risa se estimula la secreción de endorfinas, que son neuropéptidos que proveen un alivio natural al dolor, y así se eleva el umbral de tolerancia al dolor.

La risa aumenta la inmunoglobulina salivar A, que es la primera defensa del cuerpo contra toda invasión de infección que trate de entrar en el organismo a través de las vías respiratorias. Se sabe que el estrés provoca cambios fisiológicos adversos, y se ha demostrado su conexión con la hipertensión, la contracción muscular, los trastornos intestinales y la supresión inmunológica. Ahora se encuentra que la risa crea los efectos contrarios, convirtiéndose así en el antídoto perfecto para el estrés.

Además, la risa tiene un efecto de relajación muscular. Ayuda a reducir los síntomas de neuralgia y de reuma. Con la risa llega tres veces más aire a los pulmones que con la respiración normal, lo cual nos ayuda a combatir las condiciones respiratorias crónicas. También ayuda a que los nutrientes y el oxígeno circulen a los tejidos del cuerpo, y disminuye la tensión arterial y la sanguínea. En términos generales, sabemos que la experiencia de reírnos genera satisfacción y bienestar, estimula la imaginación, expande la mente y ayuda a enfrentarnos a las preocupaciones y los miedos.

Proceso terapéutico del humor

Se puede afirmar que, por medio del humor, la mente hace uso de la imaginación. Con la intención de hacer que una persona se ría se busca lograr que con lo cómico se supere nuestro pensamiento racional en lugar que este nos rompa a nosotros.

El humor realiza importantes funciones en las transacciones que lleva a cabo la mente, en las comunicaciones que tenemos con nosotros mismos. En cada experiencia de humor se aprende algo. A pesar de esto, no es fácil aprender a tener un sentido humorístico de la vida, por lo cual la memoria humana, por lo general, carece del sentido cómico. En el curso de nuestras vidas todos somos, en mayor o menor grado, víctimas de sucesos traumáticos, fracasos o pérdidas que nos llevan a experimentar el sufrimiento y en ocasiones, como resultado, surgen enfermedades. Sin embargo, el sufrimiento que se acepta no nos enferma.

Sabemos que la gran mayoría de las enfermedades actuales son psicosomáticas (migrañas, alergias, hipo/hiper tensión, úlceras, reumatismo, anorexia,etc.), y tienen su origen en temores, frustraciones y preocupaciones. El disfrute de lo humorístico no puede desarrollarse cuando se activa muy fácilmente el dolor, el sufrimiento, la infelicidad, la preocupación o la angustia. Estas circunstancias requieren la energía necesaria para estar alerta o para la acción, de modo que no queda energía para compartir con lo cómico y permitir la aparición de la risa.

El humor es un recurso con el que la persona se enfrenta a la tensión y a la frustración. Le permite también con cierto grado de éxito enfrentarse a una situación difícil sin ser abrumado por una emoción negativa, tal como el miedo, el enfado y la tristeza. El hecho de percibir elementos humorísticos en una situación proporciona una perspectiva distinta, puesto que en el fondo siempre hay una esperanza. El humor representa al ser humano en su contexto universal: lo inmediato y sus límites. En ello está implícito el darse cuenta de (descubrir) nuestra fragilidad y vulnerabilidad ante la realidad que nos toca vivir.

Una persona con sentido del humor tiene la habilidad de cambiar de marco de referencia. Esta habilidad le permite distanciarse de la amenaza inmediata de una situación de tensión y, por consiguiente, reducir los sentimientos de ansiedad, de impotencia y de debilidad. Así se logra preservar el sentido de uno mismo. Es una manera saludable de poner distancia entre sí mismo y el problema, de modo que los hechos se observan con cierta perspectiva de " NO TOMARLOS TAN EN SERIO".

El siguiente caso de una joven que recibió un transplante de riñón ilustra cuán impactante puede ser descubrir algo humorístico en una situación nueva e inesperada. Al ver a sus padres tan angustiados por la situación, pensó que tenía que hacer algo para que ellos no se angustiaran tanto. Les dijo: "Miren, ya sé inglés pues el riñón que me han transplantado era de un joven inglés". La joven cuenta que todos se rieron y la situación se tomó de una manera natural y enfocada hacia lo positivo de la vida. También señala que comenzó a ver las cosas de forma distinta. "Sentí que comencé a jugar con la situación". Añadió un elemento de juego a su realidad, es decir, comenzó a jugar con lo serio. En el proceso del humor hay un cambio de marco de referencia en el que se juega con lo serio, buscando lo cómico, contradictorio o incongruente de cada situación.

La relación del juego con lo serio (realidad abrumadora) se puede explicar desde los conceptos de *fuerza centrípeta* y *fuerza centrífuga*. Lo serio (realidad abrumadora) se impone como una fuerza centrípeta que presume una realidad final y completa e insuperable. Sin embargo, la fuerza centrífuga del juego es la del humor que presume que la realidad está abierta a interpretaciones y posibilidades, ya que no existe un solo punto de vista totalitario de la realidad.

Lo serio mueve a la persona hacia un centro, hacia lo normal, lo esperado u obvio, mientras que el juego con lo serio nos aleja de dicho centro para verlo desde otro punto de vista, y así revela otras perspectivas y posibilidades. La persona que juega con lo serio se "da cuenta" de algo, es decir, descubre algo nuevo de sí misma.

La mente es una máquina extraña que se alimenta de sus errores. La función del humor es mostrar que las situaciones humanas son como son. La persona se enfrenta al ineludible convencimiento de encarar el mundo y la vida como son y no como deberían ser. Es esencial aprender a dar por descontada la adversidad.

A través del contraste y de lo inesperado, el humor ayuda a comprender la fuerza de los hechos y de este modo se logra el desarrollo de un agudo espíritu de observación que tiene la predisposición de captar los contrastes y recibir más profundamente la impresión de las incongruencias de la vida.

Una persona con sentido del humor tiene la habilidad de cambiar de marco de referencia. Esta habilidad permite distanciarse de la amenaza inmediata de una situación de tensión y, por consiguiente, reducir los sentimientos de ansiedad, impotencia y debilidad. Así se logra preservar el sentido de uno mismo. Es una manera saludable de sentir distancia entre uno y el problema, para ver las situaciones con mayor perspectiva.

Una de las pocas formas que existen de enfrentarse a una situación de gran tensión de la que no podemos escapar es reírse de ella. El humor nos ayuda afrontarla debido a que nos libra del dolor, y nos rescata de la oscuridad. Es una especie de autoconsuelo con el que nos protegemos de la situación.

El humor se presenta como el mejor recurso para enfrentarse con la tensión y la frustración que genera la adversidad o el sufrimiento. El humor ayuda a reducir el estrés y permite enfrentarse a una situación difícil sin quedar abrumado por emociones negativas, como pueden ser el miedo, la rabia y la tristeza. Percibir elementos humorísticos de una situación proporciona una perspectiva distinta, de autodistanciamiento, en la que se logra, además, el placer de la actividad intelectual. Por eso, el humor representa una actividad creativa del ser humano, puesto que lo risible no nace de las cosas, sino de la persona misma.

Sólo puede llegar al humor quien está dispuesto a aceptar el mundo tal como es. El humor sólo es posible mediante la afirmación de la realidad del mundo y de la realidad que uno mismo es y requiere una superación continua. El humor no puede adquirirse como una conducta duradera, debido a que es expresión de la madurez humana, y ésta no es algo estático.

La madurez no es algo que se consigue de una vez para siempre, sino que se halla continuamente en la evolución de lo que se comprende. El humor, junto con la estética, acompañan a la persona en este proceso, permitiéndole llegar a tener un dominio alegre de la vida.

La evidencia científica revela que ante la estética del desengaño surge un proceso de revitalización de la espontaneidad y de la curiosidad juguetona que nos reta a la creatividad y a la comprensión. En el humor y en la risa el individuo se orienta hacia la alegría de vivir y no hacia la amargura. Se supera el enfado, el malestar que sentimos, y se busca lo positivo de la realidad de vivir. La persona se siente alegre, y su alegría lo lleva a sentirse libre.

Ante la inevitabilidad del sufrimiento, de la adversidad y de la angustia, el humor tiene varios efectos muy importantes en el funcionamiento de las personas. Las investigaciones revelan lo siguiente:

- Hay un mayor autodistanciamiento, lo que permite tomar perspectiva de las situaciones y de uno mismo. En dicha experiencia hay un incremento en la capacidad de objetivar la subjetividad y un aumento en la capacidad imaginativa.

- Se produce una mayor tolerancia, paciencia y flexibilidad consigo mismo para los ajustes que hay que realizar constantemente en la vida cotidiana.

- Se refuerza una actitud alegre y constructiva de la vida enmarcada en una mayor sensibilidad estética y creativa.

- Se despierta la necesidad de aprender a reírse de sí mismo y de las situaciones, y se comienza a no tomarse uno mismo tan en serio.

- Con el humor y la risa surge un proceso de revitalización de la espontaneidad y de la curiosidad.

- Se reafirma la búsqueda de lo alegre, positivo y estético de la vida.

Desde la perspectiva de la Psicología del Humor, la risa es una experiencia terapéutica de la que podemos subrayar varios aspectos:

a) La risa, como actividad de la mente, tiene un impacto imponente sobre la química del pensamiento. En el humor la mente está respirando con la imaginación, pues en este proceso interviene la totalidad del cerebro, y por ello la risa cumple la función de activar el hemisferio derecho, en el que reside lo imaginativo –emocional.

b) Con la experiencia de lo cómico se produce una perspectiva dinámica que nos lleva a vernos y a ver las cosas desde otra perspectiva creativa y esperanzadora. Hay un mayor control y también un distanciamiento emocional que permite reírnos de nuestras limitaciones y aceptar las cosas como son. Esto es lo que podemos llamar la "estética del desengaño".

c) La risa afecta al cuerpo en su totalidad; es un impacto en todo el organismo. Dentro del sistema fisiológico, el humor y la risa tienen dos procesos: produce primero un estímulo sobre el cuerpo y lleva a una relajación posterior que resulta en una sensación de disfrute y de alegría. El humor es expresión de salud y de alegría.

Como recurso terapéutico, el humor es un antídoto contra las emociones negativas, estimula la imaginación, activa el proceso de revitalización de la espontaneidad y de la curiosidad juguetona. Además, ayuda a enfocar la vida como un juego con la realidad. Nos enfrentamos, pues, al hecho ineludible de tener que aprender a reírnos de nosotros mismos para poder sobrevivir, y mantener una actitud alegre hacia la vida. La alegría adormece los males, de modo que casi no se sienten.

Las personas alegres gozan una existencia completa y disfrutan cada instante el exquisito placer de vivir y pensar que viven.

El humor estimula el deseo de vivir. No hay nada mas contagioso que la alegría de vivir. Por eso, si un psicoterapeuta, un payaso o un amigo contribuye a que una persona se muera de risa, en realidad le ayuda a vivir.

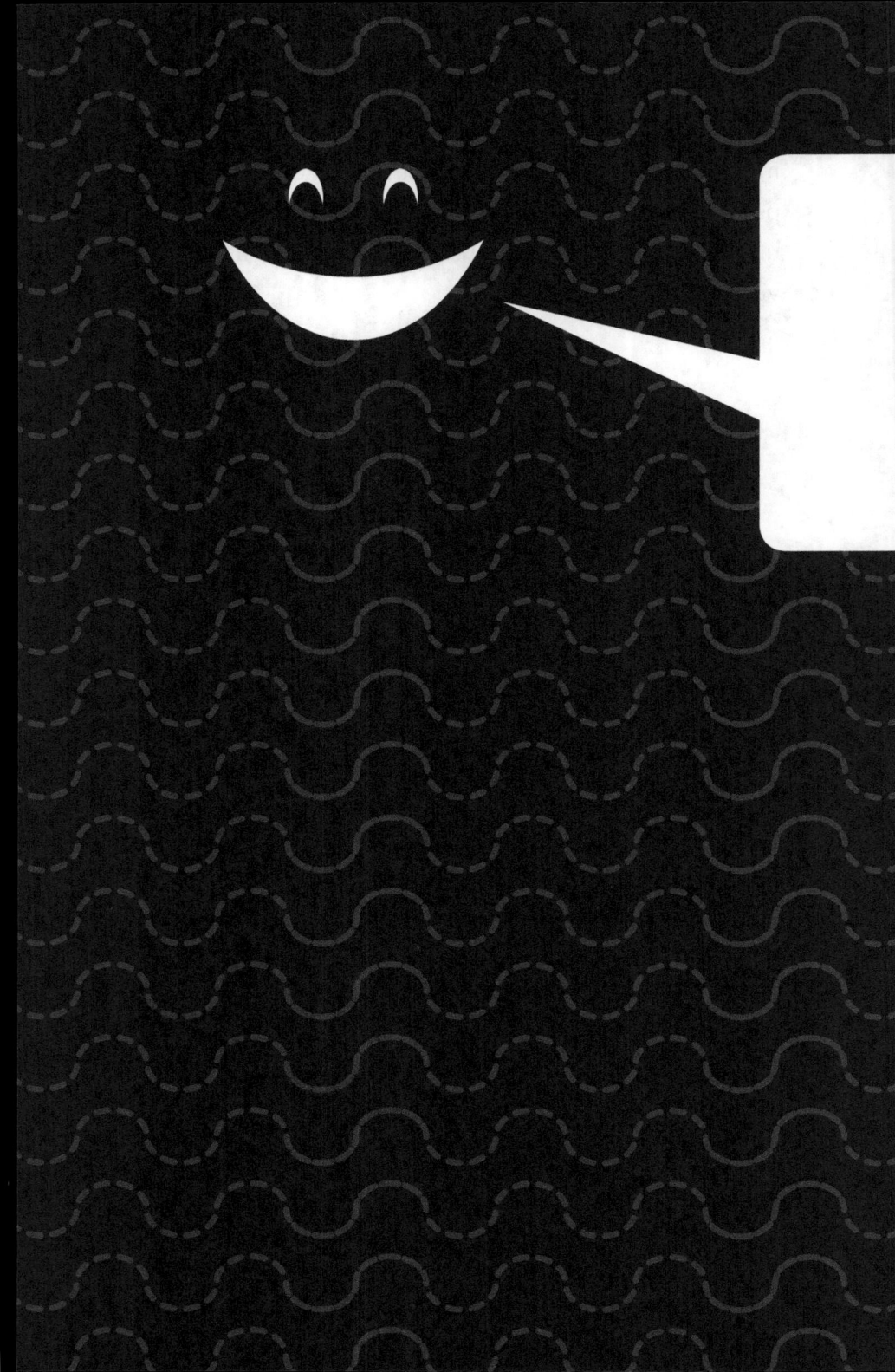

El humor: Estética del desengaño y del sufrimiento

"Prohibido usar la inteligencia. En democracia todos somos iguales"

Luis Muñiz Hernández

"No te tomes tan en serio"
– me decía. La vida es muy
corta para malgastarla
en rencor.."

ELSIE S. (39 años)
Puerto Rico

El humor: Estética del desengaño y del sufrimiento

El humor nos enseña que el ser humano es ése organismo biológico que habla y saca tiempo para complicarse la vida y la de los demás. Vivimos del tiempo que sacamos para no pensar, entonces interpretamos mal el mundo, y luego decimos que nos ha engañado. Al observar y reflexionar ante las cosas que suceden en el mundo, se llega a la conclusión de que si no funcionamos peor es porque no nos sobra tiempo. Esta situación nos mueve al límite de la percepción del humor: que nada puede protegernos de nuestra propia estupidez. De aquí de la necesidad de aprender a reírnos de nosotros mismos y no tomarnos tan en serio.

Paradójicamente, el ser humano tiene la capacidad ilimitada para complicarse la vida. Sin embargo, el humor es una capacidad humana que crea, enriquece y profundiza la experiencia social de diálogo y de convivencia Hay que partir del hecho ineludible de que sin ser humano no hay humor, y, sin humor, no hay ser humano completo.

Hoy día nos encontramos con un hecho muy particular que nos ha descolocado la vida. En el mundo de hoy las llamadas TRES GRACIAS de la antigüedad que personifican el ASOMBRO, LA ALEGRÍA Y EL BUEN ÁNIMO, y cuyo poder se extendía en la antigüedad sobre cuanto tenía relación con el agrado de la vida, en la actualidad han sido desalojadas de su pedestal por las TRES GRACIAS MODERNAS: LA PRISA, EL CONSUMÍSMO Y EL ÉXITO. Estas han desheredado al ser humano de lo placentero, lo atractivo y lo bello. Con ellas ha surgido la "cultura" del estrés y de la prisa que desemboca en la nada.

Quizás por ello ahora se entiende mejor lo que decía a mediados del siglo pasado el escritor italiano Giovanni Papini :

"La tragedia del hombre moderno no consiste
en que le quiera vender el alma al diablo,
sino en que el diablo no se la quiere comprar".

El humor es un antídoto contra todo aquello que deforma y falsifica la realidad y la vida humana, y, por consiguiente, nos afecta la alegría de vivir.

Es un recurso para enfrentarnos al dogmatismo, la arrogancia, la ignorancia, el fanatismo, la hipocresía y al racionalismo.

Sin embargo, el humor nace de una experiencia radical del ser humano: el sentir los límites de lo individual, su fragilidad e vulnerabilidad. El contexto universal del humor es el presente: lo inmediato y sus límites. Por lo tanto, el humor implica vernos viviendo. Es una capacidad que nos mueve a una perspectiva abierta para entendernos. En ella están implícito los siguientes factores: aceptar las limitaciones, corregir errores, abrirnos a la experiencia, superar los límites que nos imponen, y superar los límites que nos imponemos, y, principalmente, escapar del sufrimiento.

Se puede definir el humor como la expresión de lo serio de una manera cómica. De aquí que en el humor hay un juego con lo considerado serio. O lo que es mas, en el humor hay una <u>irreverencia estética lúdica</u> hacia todo lo serio, oficial, obvio o asumido como realidad. Lo serio es aquello que se impone; mientras que lo humorístico o cómico hay que descubrirlo.

La risa y la realidad social

La risa es, a través de la historia, un elemento que está implicado tanto en el desarrollo del mundo cultural como en el de cada persona. Además, contiene un elemento estético que es beneficioso para la salud del cuerpo y de la vida mental.

La risa brota de la vida real. Jugar con las cosas de la vida real asegura la risa. Las cosas divierten porque se utilizan. El ser humano se atreve a expresarlas y criticarlas tras haberlas descubierto. Es un hecho que quien ríe percibe rápidamente, y esto está unido a un vivo sentido de la realidad. La experiencia de la risa es el fruto de una civilización avanzada y, además, es democrática. Esto significa que, en su nivel más alto, la risa es una manifestación colectiva destinada a una comunidad y a la convivencia.

En la convivencia humana de la risa es necesario distinguir entre dos tipos de interacción en los que ésta participa, ya que genera efectos distintos: **reírse de** alguien y **reírse con** alguien.

Hay una clara distinción entre **reírse de** alguien y **reírse con** alguien, que adquiere significado e importancia dentro del contexto de la estructura de relaciones humanas y de comunicación.

Cuando nos **reímos de alguien** se excluye a la persona de la estructura de afecto, comprensión y apoyo. Esta situación da lugar a que se la excluya tambien del diálogo y del juego. Se ubica al otro en un texto o realidad que se valora como inferior. Esta risa se interpreta como una degradación de la otra persona y representa una estructura vertical de interacción en la que se niega la igualdad o se afirma la desigualdad.

Aplicarse la risa a sí mismo implica crítica y capacidad de autoobservación y autodistanciamiento. El ser humano puede ser irónico consigo mismo y **reírse de sí mismo**, de forma que no se excluye como haría con los demás, sino que se ve a sí mismo desde una perspectiva cómica, lo cual le brinda un nivel mayor de libertad.

Ahora bien, cuando nos **reímos con alguien** se incluye a la persona en el grupo de relaciones humanas. Se le brinda afecto, entendimiento, apoyo, diálogo y juego, y se le ubica en un mismo texto o realidad. En lugar de una estructura vertical hay una horizontal basada en la igualdad. Curiosamente, la risa obliga a la igualdad, pues al reírse un sujeto con alguien, se le mueve --o se le quiere mover-- a que evalúe algo que ha hecho o dicho. Es por esto por lo que se puede afirmar que tal experiencia provee las condiciones para el diálogo.

Ahora bien, la risa mas saludable, la que representa el más grande resolvente de las complicaciones, dificultades y limitaciones, y la fuerza más poderosa de civilización es la risa que surge al <u>reírse la persona de sí misma</u>. Esta risa significa siempre dos cosas. En primer lugar, que se ha descubierto y descartado o superado alguna debilidad; y, en segundo lugar, que se ha alcanzado una mayor comprensión de uno mismo, lo que en muchos casos puede implicar mayor comprensión de las demás personas.

Sin embargo, el reírse de sí mismo es una conquista muy dificil debido al sentido de autoimportancia que el ser humano tiende a atribuirse. La auto importancia es una de las invenciones mas nocivas de la mente humana y , como tal, aparece vinculada al miedo al autoridículo.

En el humor y en la risa se mira hacia la alegría de vivir y no hacia la amargura. Se supera el enfado, el malestar que sentimos y se busca lo positivo de la realidad de vivir. La persona se siente alegre, y su alegría le lleva a sentirse libre. El siguiente dicho popular de Salamanca expresa perfectamente los vínculos de la risa, el humor y la alegría, y, por tanto, de la libertad:

Alégrate corazón,
aunque sea por la tarde.
Corazón que no se alegra
nunca cría buena sangre.

En la antigua Grecia se empleaba el término "agelasteoi" para referirse a la persona sin risa o seria. Los griegos, además, crearon el término juego como contrario a lo serio. El sentido del humor es el elemento o diferencia que rescata al ser humano ya que añade sentido común a la seriedad. De ahí que en el humor se establezca una dialéctica entre lo considerado serio y lo cómico o incongruente que se va descubriendo.

Se asume que el tono serio es la única forma capaz de expresar la verdad, el bien y, en general, todo lo que se considera importante y estimable. Así, mientras se excluye la risa, se incorporan otras variantes o matices de ese tono serio como son el miedo y la docilidad. Estos matices limitan la comunicación y obstaculizan la creatividad o libertad intelectual. Por otro lado, la seriedad tiene un carácter unilateral y exclusivista, y tiende a asumir un solo punto de vista.

En la medida que se está alejado del humor se falsifica la vida pues se niega o se relega la crítica que también hace al ser humano y le va dando forma y sentido a su vida. En el humor el ser humano se ubica en la frontera entre lo serio y lo cómico, y ofrece una perspectiva desde la que se observan ambos a la vez, y se descubre el orden o el caos en que se vive. Esta perspectiva realza y estimula la atención y amplía la curiosidad que lleva a buscar más comprensión y sentido de las cosas.

El secreto del humor

La complejidad del humor implica un proceso de madurez en que el sujeto se enfrenta a sus límites humanos con una actitud de alegre y resignada aceptación, con la ayuda de la risa y del juego con las contradicciones. Ese es el secreto del humor. Un secreto que consiste no sólo en un punto de vista nuevo, sino en una manera nueva de asomarse al mundo. Esta mirada consiste en ver la realidad por oposición, por contraste; es ver en polaridad, en paradoja; es observar el derecho y el revés al mismo tiempo.

Es un hecho que la humanidad se ha caracterizado más por sus dogmatismos que por su humor. El dogmatismo no puede entender ni sentir el humor ya que respira en una atmósfera cargada de una seriedad abrumadora.

El humor es conciencia de lo otro, presencia por ausencia; es alusión a lo contrario. Lo contradictorio, lo paradójico, es inherente y básico en el humor. El que carece de sentido del humor no lo toma en serio; lo toma como una broma, como una frivolidad que no es digna de su consideración. A este respecto, el escritor inglés George Bernard Shaw dijo en una ocasión que "cada broma es algo serio en el seno del tiempo, y cuando algo parezca cómico, búsquese en ello una verdad oculta; y sólo mediante la risa se puede destruir el mal sin maldad, y transmitir amistad sin sentimentalismo."

El humor como alternativa al fracaso

El humor es además un recurso con el que la persona se enfrenta al sufrimiento, a la incertidumbre y la frustración; le ayuda a reducir la tensión; le permite enfrentarse a una situación difícil sin ser abrumado por una emoción negativa, como pueden ser el miedo, la apatía y la tristeza. Percibir elementos humorísticos de una situación proporciona una perspectiva distinta, puesto que en el fondo siempre hay una esperanza. Por eso el humor es una alternativa al fracaso; en realidad, una alternativa al sentimiento de fracaso.

Una persona con sentido del humor tiene la habilidad para cambiar de marco de referencia. Esta habilidad le permite distanciarse de la amenaza inmediata de una situación de tensión y, por consiguiente, se reducen los sentimientos de ansiedad, de impotencia y de debilidad. Así se logra preservar el sentido de sí mismo. Es una manera saludable de sentir distancia entre sí mismo y el problema, de modo que los hechos se observan con cierta perspectiva y no nos tragan, y podemos reírnos.

Modos interpretativos: serio y humorístico

Es posible hablar de dos modos de interpretar la realidad social: el serio y el humorístico. El sentido común normal está ordenado ante todo por el modo interpretativo serio. La característica básica de este modo serio de interacción estriba en que los participantes asumen que hay un mundo peculiar compartido en común con los demás que es un punto de referencia común. Sin embargo, este mundo que se toma por dado --el "real"-- es un mundo interpretado desde múltiples facetas. Pero la vida social es una totalidad compleja donde cada cual formula su interpretación.

La relación del juego con lo serio se puede explicar desde las fuerzas centrípeta y centrífuga. Se podría decir que lo serio ejerce una fuerza centrípeta ya que presume una realidad social completa, total. Además, esta fuerza empuja hacia la igualdad de lo homogéneo y lo jerárquico. Sin embargo, la fuerza centrífuga del juego es la del humor que presume que la realidad social está abierta a interpretaciones, ya que no existe un solo punto de vista total de las cosas.

Lo serio mueve a la persona hacia un centro, hacia lo normal, lo esperado u obvio, mientras que el juego con lo serio nos aleja de dicho centro para verlo desde otro punto de vista, y así nos revela otras perspectivas de la realidad social. La persona que juega con lo serio se "da cuenta" de algo; es decir, descubre lo que creía saber, lo conocido., lo asumido. De aquí que surge el descubrimiento del desengaño. Las cosas son o han sido siempre distintas a lo que hemos creído.

El humor como estética del desengaño

El filósofo español José Ortega y Gasset describió la mente como un pájaro extraño que se alimenta de sus errores. La función del humorista es mostrar que las cosas humanas y el hombre y la mujer son como son y no como deberían ser. La persona se enfrenta al ineludible convencimiento de encarar el mundo y la vida como son y no como deberían ser. Es esencial aprender a dar por descontada la adversidad. Por eso lo denomino la "estética del desengaño."

A través del contraste, el humor ayuda a comprender la fuerza de los hechos. Si bien la lógica la brindan los hechos, con el humor se logra el desarrollo de un agudo espíritu de observación que tiene la predisposición para captar los contrastes y para recibir más profundamente la impresión de las incongruencias de la vida.

El humor es el ser humano en su contexto universal: lo inmediato y sus límites. Aunque las personas participan en este contexto acompañadas de la ignorancia, el desconocimiento y el asombro de la experiencia de descubrir, ante la estética del desengaño surge un proceso de revitalización de la espontaneidad y de la curiosidad juguetona que les mueve y reta a la creatividad y a la comprensión.

El humor es un hecho muy extraño en la vida del ser humano. Es mucho más fácil llevar al espectador o al lector al llanto, a la tristeza y al dolor, que llevarle al humor, a la espontaneidad. Lo primero descansa en el instinto; lo segundo, en la inteligencia. El humor aparece cuando se piensa y desaparece cuando se deja de pensar. A esto se podría añadir que el humor desaparece cuando se saca tiempo para no pensar.

Así como ver significó una evolución respecto al simple hecho de mirar, hacer humor ha significado una notable evolución con respecto al mero hecho de sentir. Como ha señalado Luigi Pirandello, el humor exige ambas cosas: el pensador y el artista. El artista siente un impulso mayor que las demás personas con respecto al sentido radical de lo incompleto de la vida. Con el humor se completa ese sentido radical de lo incompleto de la vida, de la sociedad.

El humorista no es un ingenuo, sino una persona lúcida --y, por tanto, crítica-- que conoce muy bien sus propias limitaciones y las de los demás. Se ríe de sí mismo al reconocer que no puede brincar fuera de su sombra, ni de su sufrimiento, sino que tiene que enfrentarse continuamente para vivir.

Al humorista le caracteriza, además, la empatía y la alegría. En el humor, el ser humano se siente libre y, porque se siente libre, se siente alegre y con ganas de reír. El humorista elige sentirse bien. El humor es, pues, una disposición positiva, alegre. Significa algo humano-personal que aplica exclusivamente al ser humano. El ser humano tiene que enfrentarse a la tensión continua entre la libertad y la necesidad, entre la comprensión y la incomprensión, la duda y la perplejidad. En el humor se efectúa la superación de esta tensión. La alegría nos revela el humor.

Sólo puede llegar al humor quien está dispuesto a aceptar el mundo tal como es. El humor es posible mediante la afirmación de la realidad del mundo y de la realidad que uno mismo es y requiere una superación continua. El humor no puede adquirirse como una conducta duradera debido a que es expresión de madurez humana, y ésta no es algo estático. La madurez no es algo que se consigue de una vez para siempre, sino que se halla continuamente en la evolución de lo que se comprende. El humor, junto con la estética, acompañan a la persona en este proceso, aspirando a un dominio alegre de la vida.

Se puede concluir que el humor es la vida sin teoría. Es la mente respirando con la complicidad amistosa, juguetona y estética de la experiencia de la comprensión y la imaginación. Es la lucha incesante porque nada nos amargue la alegría de vivir. Como decía Chaplin: "El humor es el dolor que ríe".

El humor como antídoto a la violencia y al fanatismo

"La libertad más peligrosa consiste en creer que siempre se tiene razón."

Jacinto Benavente

"Hay mucho más en la vida
que seguir reglas."

MARJORY F. (28 años)
Haiti

El humor como antídoto a la violencia y al fanatismo

El humor es el antípoda de la violencia y del fanatismo puesto que crea, enriquece y profundiza la experiencia social de diálogo y de convivencia. ¿Qué significa el humor para el ser humano? ¿Qué significa el ser humano para el humor?

Resulta sorprendente que, a pesar de todos los adelantos tecnológicos y científicos que poseemos, y de todos los recursos de comunicación de que disponemos, aún no se haya estudiado el humor de una manera seria y científica para conocer su importancia en la vida humana.

Por otro lado, el siglo que ahora termina ha sido uno de los más violentos en la historia humana. Las guerras, las bombas nucleares, las dictaduras, los desastres ecológicos, la contaminación y la publicidad manipuladora -y, por tanto, deshumanizante- nos ubican perplejos ante el próximo milenio. La capacidad destructiva del ser humano ha quedado al descubierto como nunca. Tal es así, que el científico francés Jacques Cousteau llegó a afirmar que "los seres humanos han hecho probablemente más daño a la Tierra en el siglo XX que en toda su historia".

Esto mismo podría aplicarse también a las personas. En el siglo XXI los seres humanos se enfrentan no solamente a la explotación y la opresión que persisten y deshumanizan, sino también al reto ante la violencia humana, la intolerancia y el fanatismo. Por suerte, existe un antídoto contra estos "males": el humor. Mientras que la violencia es una experiencia que no se puede compartir, el humor representa la necesidad de compartir y de disfrutar la alegría de vivir. El humor es un antídoto contra la adversidad y contra todo aquello que deforma, falsifica y degrada la vida del ser humano.

La actitud humorística hacia la vida también ha sido objeto de cambios a lo largo del presente siglo. De hecho, las tres divinidades mitológicas que personifican el **Asombro**, la **Alegría** y el **Buen Animo** y cuyo poder se extendía en la antigüedad sobre cuanto tenía relación con el agrado de la vida, en la actualidad han sido desalojadas de su pedestal por las "Tres Gracias Modernas": la **Prisa**, la **Consumísmo** y el **Éxito**. Estas han desheredado al ser humano de lo placentero, lo atractivo y lo bello.

Quizás por ello ahora se entiende mejor lo que decía a mediados de siglo el escritor italiano Giovanni Papini: "La tragedia del hombre moderno no estriba en que le quiera vender el alma al diablo, sino en que el diablo no se la quiere comprar".

El humor como antídoto contra aquello que deforma la realidad y la vida de las personas nace de una experiencia radical del ser humano: el sentir los límites de lo individual. El contexto universal del humor es lo inmediato y sus límites. Por lo tanto, el humor implica verse viviendo. Es una matriz de praxis que mueve a la persona a una perspectiva abierta para entenderse a sí misma. En ella está implícito las siguientes condiciones inevitables: aceptar las limitaciones, corregir errores, abrirse a la experiencia y superar los límites que se nos imponen y superar los límitese se impone uno a sí mismo. Pero, además, el humor afecta la alegría de vivir y se puede identificar como la humildad natural del ser humano.

Las conductas de violencia y fanatismo representan la carencia o ausencia de sentido del humor. En ambas se evidencia la capacidad humana de irracionalidad. El violento, el terrorista y el fanático tienen un funcionamiento mental "procrusteano". Procrusto era un gigante de la mitología griega que estiraba o cortaba a sus cautivos para que se ajustaran a la longitud de su mesa. El violento y el fanático se sienten infalibles, pero sus mentes trabajan como Procrusto en su mesa: el sentimiento que quede fuera de su lógica, lo cortan o mutilan; el pensamiento que no siga la lógica, lo estiran hasta que cubra el lecho de la lógica. Así, se mutilan la espontaneidad, la sensibilidad, la creatividad, la imaginación y la convivencia de diálogo.

El fanático y el violento, en definitiva, no tienen en consideración que el pensamiento -como decía Ortega- "es un pájaro extraño que se alimenta de sus propios errores". De aquí que el fanático entienda que los errores están en los demás, por lo que no siente la necesidad de corregirse. Está, pues, carente de la humildad que supone el humor.

Uno de los problemas que afectan al ser humano es el de la comunicación y, más específicamente, el del diálogo. El fracaso de la comunicación y de la convivencia está en la pérdida o, más propiamente, en el rechazo de la dimensión humorística. Quien no tiene humor vive en la inconsciencia del tiempo que saca para no pensar, mientras que en la experiencia del humor hay una especie de arqueología del presente que ubica a la persona en el umbral del conocer, de percibir la realidad y de percibirse a sí mismo en su realidad. Desde allí se percibe a la vez lo serio, lo oficial, lo que se cree y lo cómico, y se van descubriendo las incongruencias humanas de la convivencia.

El fanático y el violento tienen dificultad para conocer y aceptar estas incongruencias. Su percepción de la realidad excluye el humor porque no parece considersr lo siguiente:

- A todos nos falta conocimiento, pero nos sobra ignorancia.
- Desaprender es mucho más difícil que aprender.
- Nadie tiene más imaginación que la realidad.
- Sobra sentido común, pero nos falta imaginación.
- Nadie tiene la última palabra, pues todos participamos de un diálogo inconcluso.
- En este mundo lo sabemos todo entre todos.

En el humor está implícita la crítica humana pero con el elemento cómico añadido que hace que dicha crítica humana se convierta en el "ridiculum vitae" de la humanidad. La función sociobiológica del humor estriba en alterar la textura básica del pensamiento y la experiencia y, por consiguiente, del proceso que es la realidad y del vínculo que existe con ella. Ante la situación de humor surge en la mente un tropiezo o colisión ante lo que se percibe. Un ejemplo de esto se encuentra en el siguiente chiste:

Dos señores que iban caminando por una calle de Madrid mantenían la siguiente conversación:

- Acaban de decir que ha muerto Franco...
- ¿De verdad? ¿qué sucederá ahora?
- No sé, pero por ahí pasó un chaval muy contento diciendo que ahora viene la democracia...
- ¿La democracia...? ¿y qué es eso?
- Pues... dicen que es que cada cual hace lo que le viene en gana.
- ¿Sí? ¿y qué pasa si yo no quiero?
- ¡Ah!, pues te van a obligar...

¿Por qué este chiste provoca la risa? Porque contiene una paradoja. En el humor hay un proceso mental del que surge la paradoja y hay un tropiezo en el fluir del pensamiento del que surge la risa. Porque la risa -como el llanto- es una expresión límite del ser humano, de su limitación consciente. Es decir, ambas son respuesta cuando no se tiene respuesta. Se puede decir que ante la no respuesta o acción, es el cuerpo el que responde por la persona y así se protege ante situaciones límite, paradojas e incongruencias.

Es posible definir el humor como la expresión de lo serio de una manera cómica porque en el humor hay un juego con lo considerado serio o, lo que es más, en el humor hay una "irreverencia estética" hacia todo lo serio o impuesto. Valga recordar que lo serio es aquello que se impone mientras que lo cómico hay que descubrirlo. Por eso, el humor y la risa lo prohiben o impiden quellos que están en posiciones de autoridad y de poder, y que excluyen el diálogo.

Para lograr una mayor comprensión del significado del humor como antídoto a la violencia y al fanatismo es necesario desentrañar los secretos del humor, la risa y lo serio, y su papel en la realidad social.

La risa y la realidad social

La risa es, a través de la historia, un elemento que está implicado tanto en el desarrollo del mundo cultural como en la evolución de cada persona. Además, contiene un elemento estético que es beneficioso para la salud del cuerpo y de la vida mental.

La risa brota de la vida real porque jugar con las cosas de la vida real asegura la risa. De hecho, las cosas divierten porque se utilizan y el ser humano se atreve a expresarlas y criticarlas sólo después de haberlas descubierto. Quien ríe percibe rápidamente y esto está unido a un vivo sentido de la realidad. La experiencia de la risa es el fruto de una civilización avanzada y, además, es democrática. Esto significa que, en su nivel más elevado, la risa es una manifestación colectiva destinada a una comunidad y a la convivencia.

En la convivencia humana de la risa es necesario distinguir entre dos tipos de interacción en los que ésta participa, ya que genera efectos distintos: *reírse de* alguien y *reírse con* alguien.

Hay una clara diferencia entre *reírse de* alguien y *reírse con* alguien, que adquiere significado e importancia dentro del contexto de la estructura de relaciones humanas y de comunicación.

Cuando la persona se *ríe de alguien* se excluye a la persona de la estructura de efecto, comprensión y apoyo. Esta situación da lugar a que se la excluya también del diálogo y del juego. Se ubica al otro en un texto o realidad que se valora como inferior. Esta risa se interpreta como una degradación de la otra persona y representa una estructura vertical de interacción en la que se niega la igualdad o se afirma la desigualdad.

Aplicarse la risa a sí mismo implica crítica y capacidad de autoobservación y autodistanciamiento. El ser humano puede ser irónico consigo mismo y *reírse de sí mismo*, de forma que no se excluye como haría con los demás, sino que se ve a sí mismo desde una perspectiva cómica, lo cual le brinda un nivel mayor de libertad.

Cuando una persona se *ríe con alguien* incluye al otro en el grupo de relaciones humanas. Se le brinda afecto, entendimiento, apoyo, diálogo y juego, y se le ubica en un mismo texto o realidad. En lugar de una estructura vertical hay una horizontal basada en la igualdad. Curiosamente, la risa obliga a la igualdad pues al reírse un sujeto con alguien se le mueve -o se le quiere mover- a que evalúe algo que ha hecho o dicho. Por ello se puede afirmar que tal experiencia provee las condiciones para el diálogo.

Ahora bien, la risa más saludable, la que representa el más grande resolvente de las complicaciones, dificultades y limitaciones, y la fuerza más poderosa de civilización es la risa que surge al *reírse la persona de sí misma*. Esta risa significa siempre dos cosas. En primer lugar, que se ha descubierto y descartado o superado alguna debilidad; y, en segundo lugar, que se ha alcanzado una mayor comprensión de uno mismo, lo que en muchos casos puede implicar mayor comprensión de las demás personas.

Sin embargo, el reírse de sí mismo es una conquista muy difícil debido al sentido de autoimportancia que el ser humano tiende a atribuirse. Los terroristas buscan con la violencia impresionarse a ellos mismos para así darse más importancia. La autoimportancia es una de las invenciones más nocivas de la mente humana y, como tal, aparece vinculada al miedo al autorridiculo.

Una persona vanidosa, asustada, enojada u obsesionada, como es el fanático y el terrorista, no puede reírse de sí misma. En la experiencia de esta risa hay una crítica estética que es vital para lograr la buena voluntad hacia los demás.

En el humor y en la risa se mira hacia la alegría de vivir y no hacia la amargura. Se supera el enfado, el malestar que sentimos y se busca lo positivo de la realidad de vivir. La persona se siente alegre y su alegría le lleva a sentirse libre. El siguiente dicho popular de Salamanca expresa perfectamente los vínculos de la risa, el humor y la alegría, y, por tanto, de la libertad:

Alégrate corazón
aunque sea por la tarde.

Corazón que no se alegra
nunca cría buena sangre.

En la Antigua Grecia se empleaba el término
"agelasteoi" para referirse a la persona sin risa o seria.
Los griegos, además, crearon el término "juego" como
contrario a "lo serio". El sentido del humor es el elemento
o diferencia que rescata al ser humano ya que añade
sentido común a la seriedad. De ahí que en el humor se
establezca una dialéctica entre lo considerado serio y lo
cómico -o incongruente- que se va descubriendo.

El tono serio se impone como la única forma
capaz de expresar la verdad, el bien y, en general, todo
lo que se considera importante y estimable. Así, mientras
se excluye la risa, se incorporan otras variantes o matices
de ese tono serio como son el miedo y la docilidad.
Estos matices limitan la comunicación y obstaculizan
la creatividad o libertad intelectual. Por otro lado, la
seriedad tiene un carácter unilateral y exclusivista, y
tiende a asumir un solo punto de vista.

En la medida en que se está alejado del humor
se falsifica la vida pues se niega o se relega la crítica que
también hace al ser humano y le va dando forma y sentido
a su vida. En el humor el ser humano se ubica en la
frontera entre lo serio y lo cómico, ofrece una perspectiva

desde la que se observan ambos a la vez y se descubre el orden o el caos en que se vive. Esta perspectiva realza y estimula la atención y amplía la curiosidad que lleva a buscar más comprensión y sentido de las cosas.

Lo serio y la realidad social

Existen dos modos interpretativos de la realidad social: el serio y el humorístico, pero el modo serio es el que tiende a prevalecer, a imponerse. Se suele pensar, creer y reafirmar que la realidad es solamente lo que tomamos en serio. El sentido común normal está ordenado sobre todo por el modo interpretativo serio. Se asume que la realidad es solamente aquello que se da por serio y no se cuestiona.

Cada cual habla asumiendo que su versión particular del mundo es el mundo real. Cada cual se toma a sí mismo en serio. Este modo serio produce un lenguaje de dominación y de oposición en lugar de un lenguaje de colaboración y de aceptación de la diversidad. Al asumir la realidad de su mundo, se niega la legitimidad de otras versiones de la realidad. Cada cual en su discurso serio supone que hay una sola realidad social, lo que puede conducir a fanatismos y a conductas violentas.

En contraste con la visión de lo serio, desde la perspectiva del humor se presume desde el principio que existe la diversidad de interpretaciones e incongruencias, lo inesperado, el descubrir a través del asombro y la contradicción. Mientras que en el discurso serio se asume una sola realidad social, el humor produce en forma divertida o juguetona múltiples paradojas o incongruencias.

En el humor hay un marco de pensamiento de juego con la realidad, pues se abandona el modo serio, y así surge el juego en el que se espera lo inesperado, lo nuevo. En realidad, todo juego humorístico es un juego con lo serio.

La relación del juego con lo serio se puede explicar empleando los conceptos de *fuerza centrípeta* y *fuerza centrífuga*. Lo serio ejerce una fuerza centrípeta ya que presume una realidad social completa, total. Dicha fuerza empuja hacia la igualdad de lo homogéneo y lo jerárquico. Además, niega la posibilidad de la diferencia y la crítica. Sin embargo, la fuerza centrífuga del juego es la del humor que presume que la realidad social está abierta a interpretaciones, ya que no existe un solo punto de vista total de las cosas. Lo serio mueve a la persona hacia un centro, hacia lo normal, lo esperado o obvio. Mientras que el juego con lo serio nos aleja de dicho centro para verlo desde otro punto de vista, y así nos revela otras perspectivas de la realidad.

Por lo tanto, en el juego con lo serio podemos ver que el humor trabaja alterando las premisas o supuestos, lleva a desaprender lo obvio y obliga a la persona a darse cuenta de su interpretación de la realidad. Este darse cuenta de algo significa descubrir lo que se conoce o lo que se cree a la luz de lo cómico o contradictorio. Esto es, la persona se ve desde lo cómico al poder distanciarse de sí misma. Tal experiencia no es fruto de la información sino de una profundización.

El humor como estética del desengaño o la insensatez

La función del humor es mostrar que las cosas humanas son como son y no como deberían ser ya que se parte de la imperfección del mundo. La persona se enfrenta al ineludible convencimiento de encarar el mundo y la vida como son y no como deberían ser. Este fenómeno, al que aquí se denomina la "estética del desengaño", es vital puesto que hay que aprender a dar por descontada la adversidad y lo inesperado.

A través del contrate, el humor ayuda a comprender la fuerza de los hechos, Si bien la lógica la brindan los hechos, con el humor se logra el desarrollo de un agudo espíritu de observación que tiene la predisposición para captar los contrastes y para recibir de un modo más profundo la impresión de las incongruencias de la vida.

Sin humor lo que surge es un espíritu de curiosidad poco desarrollado y de poca profundidad e intimidad. En la experiencia del humor se produce una revitalización de la espontaneidad y de la curiosidad juguetona ante la armonía perdida, pues lo cómico añadido prevalece sobre lo conocido o serio.

A la persona con humor le caracteriza, además, la empatía y la alegría. En el humor, el ser humano se siente libre y, porque se siente libre, se siente alegre y con ganas de reír. El individuo con humor elige sentirse bien. El humor es, pues, una disposición positiva y alegre. Significa algo humano-personal que aplica exclusivamente al ser humano ya que éste tiene que enfrentarse a la tensión contínua entre la libertad y la necesidad, la comprensión y la incomprensión, y la duda y la perplejidad. En el humor se efectúa la superación de esta tensión.

Sólo puede llegar al humor quien está dispuesto a aceptar el mundo tal cual es, sin fanatismos. El humor es posible mediante la afirmación de la realidad del mundo y de la realidad que uno mismo es, y requiere una superación continua. Además, el humor no puede adquirirse como una conducta duradera debido a que es expresión de madurez humana, y ésta no es algo estático. La madurez y la comprensión no se consigue de una vez para siempre, sino que se halla continuamente en la evolución de lo que se comprende. El humor, junto a la estética, acompañan al ser humano en este proceso, aspirando a un dominio alegre de la vida y quitándole importancia a las cosas para así poder darle un justo valor a lo humano.

Por lo tanto, el humor es un recurso ante la seudolibertad que surge con la violencia y el fanatismo, pues es "libertad" que nos separa de los demás seres humanos. Mientras que en el humor hay una actitud positiva y constructiva en la que se busca sentirse bien añadiéndole a la vida de los demás. También se busca mantener siempre viva la espontaneidad que brinda la alegría de vivir.

Humor: Estética del sufrimiento*

"En la vida todo es
ir a lo que el tiempo
deshace. Sabe el
hombre donde nace,
mas no donde va a
morir."

Juan A. Corretjer

"Comencé a eliminar todos los pensamientos negativos que tenía."

MARY F. (51 años)
Afroamericana de Harlem, Nueva York

Humor: Estética del sufrimiento

Nacemos para vivir, amar, conocer y disfrutar de la vida. Pero parece que le hemos encargado a la llamada "Ciencia " que piense por nosotros. Antes se lo habíamos encargado a la religión. A pesar de todos los adelantos tecnológicos y de todos los recursos de comunicación que disponemos, resulta sorprendente que no hayamos estudiado el humor de una manera científica para conocer su importancia en la vida humana y sus vínculos con el sufrimiento y la salud, y así poder utilizarlo en la convivencia diaria. Debemos recordar que hace siglos Esquilo afirmaba: "El sufrimiento es el precio del saber".

El siglo XX ha sido uno de los mas violentos en la historia humana. Las guerras, bombas nucleares, dictaduras, destrozos de la naturaleza, contaminación, y la publicidad deshumanizante, nos ubican perplejos ante el próximo milenio. Hemos descubierto la capacidad destructiva humana como nunca habíamos imaginado. En 1997 el científico francés Jacques Costeau afirmaba: "Los seres humanos han hecho probablemente mas daño a la Tierra en el siglo XX que en toda su historia". Cabe preguntarnos: ¿qué papel juega el humor en este mundo como tal...?

Dentro del mundo de la comunicación entre los seres humanos, el humor es una experiencia vital que se distingue por sus efectos sobre la salud, la vida mental y la alegría de vivir. Resulta imposible vivir sin tener sentido del humor. La persona que no haya desarrollado su sentido del humor no se asegura su supervivencia ni la supervivencia de los demás.

Durante los últimos cuarenta años es cuando se comienza a estudiar con profundidad la importancia del sentido del humor en la vida y en la salud del ser humano. Comienzan a aparecer trabajos pioneros que establecen los fundamentos científicos para la investigación y la aplicación de su estudio en el desarrollo del sujeto humano. Las investigaciones evidencian el valor insustituible del humor en la salud física, psicológica, social y cultural, y sus implicaciones en el desarrollo ético/ estético tan necesario para la convivencia y el disfrute de la vida. La experiencia del humor nos lleva a confirmar que la alegría es el estado normal del ser humano, y que el humor es un escape al sufrimiento.

El ilustre oncólogo venezolano Lisandro Lopez Herrera nos define el sufrimiento de la siguiente manera: "El sufrimiento resulta de la diferencia entre las aspiraciones humanas y la realidad que tienen que vivir". El humor nos libra de la oscuridad, del ruido y del sufrimiento.

En su libro La Alquimia del sufrimiento, el Dr. Lisandro López-Herrera nos cita un hecho en su vida profesional que le transformó su investigación en torno al sufrimiento humano y el estudio de las circunstancias, eventos y adversidades que habían ocurrido en la vida del paciente. Su amigo psiquiátra Fernando Risquez cuenta como se produjeron los eventos que llevaron a una mutua alianza.

"En mayo de 1956 me encontré con él en el laboratorio de fisiología del Instituto de Medicina Experimental de la Universidad Central y me explicó la intención de su trabajo, frente a una jaula de ratas blancas, mientras hacía funcionar una sirena bastante desagradable. Me entusiasmé con el experimento y le comenté:

- 'Lo que yo hago con los seres humanos es que, con terapia, les quito la sirena, el ruido que produce la vida.'

A partir de esa semana se reunieron todas las semanas.

¿Cuál es la importancia del sentido del humor en la convivencia humana? Esta pregunta nos enfrenta ante tres hechos humanos que nos retan constantemente:

1. el problema del humor ante lo serio y la realidad social-cultural

2. la evolución del humor como estética del sufrimiento ante el desengaño, la desilusión y el sinsentido

3. las implicaciones terapéuticas de la experiencia del humor

El mundo actual presenta unos cambios muy significativos a cómo el ser humano se ha planteado la vida. Las tres divinidades mitológicas del mundo antiguo, y que personifican el Asombro, la Alegría y el Buen Ánimo, y cuyo poder se extendía en la antigüedad sobre cuanto tenía relación con el agrado de la vida, en la actualidad han sido desalojadas de su pedestal por las TRES GRACIAS MODERNAS: LA PRISA, EL CONSUMÍSMO Y EL ÉXITO. Estas han desheredado al ser humano de lo placentero, lo atractivo y lo bello. Con ellas ha surgido la "cultura" del estrés, y la lucha del ser humano por complicarse la vida. Parece que hay una esfuerzo incesante por hacer las cosas mal.

Quizás por ello ahora se entiende mejor lo que decía a mediados de siglo el escritor italiano Giovanni Papini :

La tragedia del hombre moderno no estriba
en que le quiera vender el alma al diablo,
sino en que el diablo no se la quiere comprar".

El humor es un antídoto contra todo aquello que deforma , falsifica la realidad y nos niega la vida humana, y, por consiguiente, nos afecta la alegría de vivir. Podemos identificarlo como la humildad natural del ser humano. El humor es un escape al sufrimiento, y la lucha incesante por afirmar la alegría de vivir.

El humor nace de una experiencia radical del ser humano: el sentir los límites de lo individual. El contexto universal del humor es lo inmediato y sus límites. Por lo tanto, el humor implica vernos viviendo. Es una matriz de acción que nos mueve a una perspectiva abierta para entendernos. En ella está implícito los siguientes factores: aceptar las limitaciones, corregir errores, abrirnos a la experiencia, superar los límites que nos imponen, y superar los límites que nos imponemos, y, principalmente, escapar del sufrimiento.

La risa- como el llanto - son expresiones límites del ser humano - de su limitación consciente. Es decir, ambas son respuesta cuando no se tiene respuesta. Ante la no respuesta o acción, nuestro cuerpo responde por nosotros , y así nos protege ante situaciones límites y paradójicas.

La risa es un forma de protección intelectual que tiene el ser humano ante un mundo que no puede cambiar, y es también un mecanismo biológico del que dispone para expresar tanto su alegría como para reaccionar ante una situación para la que no se tiene respuesta.

Para el ser humano, contar con el don de la risa y el sentido del humor es un privilegio que permite no sólo soportar el presente y sus dificultades, sino amarlo lo suficiente como para tratar de corregirlo, y así reafirmar su alegría de vivir. La risa y el humor son claramente escapes al sufrimiento. Como lo ha expresado Chaplin: "El humor es el dolor que ríe". Gracias a la risa que nos saca de la seriedad abrumadora o aplastante de la realidad, el mundo se transforma momentáneamente en un lugar de juego.

MODOS INTERPRETATIVOS DE LA REALIDAD: SERIO Y HUMORÍSTICO

Es posible hablar de dos modos de interpretar la realidad social: el serio y el humorístico. El sentido común normal está ordenado ante todo por el modo interpretativo serio. La característica básica de este modo serio de interacción estriba en que los participantes asumen que hay un mundo peculiar compartido en común con los demás que es un punto de referencia común. Sin embargo, este mundo que se toma por dado --el "real"-- es un mundo interpretado desde múltiples facetas. Pero la vida social es una totalidad compleja donde cada cual formula su interpretación.

La relación del juego con lo serio se puede explicar desde los conceptos de **fuerza centrípeta** y **fuerza centrífuga**. Se podría decir que lo serio ejerce una fuerza centrípeta ya que presume una realidad social completa, total. Además, esta fuerza empuja hacia la igualdad de lo homogéneo y lo jerárquico. Sin embargo, la fuerza centrífuga del juego es la del humor que presume que la realidad social está abierta a interpretaciones, ya que no existe un solo punto de vista total de las cosas. Lo serio mueve a la persona hacia un centro, hacia lo normal, lo esperado u obvio, mientras que el juego con lo serio nos aleja de dicho centro para verlo desde otro punto de vista, y así nos revela otras perspectivas de la realidad social y de nosotros mismos. La persona que juega con lo serio se "da cuenta" de algo; es decir, descubre lo que creía saber, lo conocido. Como afirma Huizinga en su libro Homo Ludens: " No es posible ignorar el juego. Casi todo lo abstracto se puede negar: derecho, belleza, verdad, bondad, espíritu, Dios. Lo serio se puede negar; el juego, no". En nuestra conciencia el juego se opone a lo serio.

EL HUMOR COMO EXPERIENCIA TERAPÉUTICA

La risa es una fiesta en el cuerpo

La risa es, a través de la historia, un elemento que está implicado tanto en el desarrollo del mundo cultural como en el de cada persona. Además, contiene un elemento estético que es beneficioso para la salud del cuerpo y de la vida mental.

La risa brota de la vida real. Jugar con las cosas de la vida real asegura la risa. Las cosas divierten porque se utilizan. El ser humano se atreve a expresarlas y criticarlas tras haberlas descubierto. Es un hecho que quien ríe percibe rápidamente, y esto está unido a un vivo sentido de la realidad. La experiencia de la risa es el fruto de una civilización avanzada y, además, es democrática. Esto significa que, en su nivel más alto, la risa es una manifestación colectiva destinada a una comunidad y a la convivencia.

En la convivencia humana de la risa es necesario distinguir entre dos tipos de interacción en los que ésta participa, ya que genera efectos distintos: reírse de alguien y reírse con alguien.

Hay una clara distinción entre reírse de alguien y reírse con alguien, que adquiere significado e importancia dentro del contexto de la estructura de relaciones humanas y de comunicación.

Cuando nos reímos de alguien se excluye a la persona de la estructura de afecto, comprensión y apoyo. Esta situación da lugar a que se la excluya también del diálogo y del juego. Se ubica al otro en un texto o realidad que se valora como inferior. Esta risa se interpreta como una degradación de la otra persona y representa una estructura vertical de interacción en la que se niega la igualdad o se afirma la desigualdad.

Aplicarse la risa a sí mismo implica crítica y capacidad de autoobservación y autodistanciamiento. El ser humano puede ser irónico consigo mismo y reírse de sí mismo, de forma que no se excluye como haría con los demás, sino que se ve a sí mismo desde una perspectiva cómica, lo cual le brinda un nivel mayor de libertad.Es decir, un ser humano abierto al mundo.

Ahora bien, cuando nos reímos con alguien se incluye a la persona en el grupo de relaciones humanas. Se le brinda afecto, entendimiento, apoyo, diálogo y juego, y se le ubica en un mismo texto o realidad. En lugar de una estructura vertical hay una horizontal basada en la igualdad. Curiosamente, la risa obliga a la igualdad, pues al reírse un sujeto con alguien, se le mueve --o se le quiere mover-- a que evalúe algo que ha hecho o dicho. Es por esto por lo que se puede afirmar que tal experiencia provee las condiciones para el diálogo.

Ahora bien, la risa mas saludable, la que representa el mas grande resolvente de las complicaciones, dificultades y limitaciones, y la fuerza más poderosa de civilización es la risa que surge al reírse la persona de sí misma. Esta risa significa siempre dos cosas. En primer lugar, que se ha descubierto y descartado o superado alguna debilidad; y, en segundo lugar, que se ha alcanzado una mayor comprensión de uno mismo, lo que en muchos casos puede implicar mayor comprensión de las demás personas.

Sin embargo, el reírse de sí mismo es una conquista muy difícil debido al sentido de autoimportancia que el ser humano tiende a atribuirse. Los terroristas buscan con la violencia impresionarse a ellos mismos para así darse mas importancia. La auto importancia es una de las invenciones mas nocivas de la mente humana y , como tal, aparece vinculada al miedo al autorridículo.

Una persona vanidosa, asustada, enojada u obsesionada , como son los fanáticos y los terroristas, no puede reírse de sí misma. En la experiencia de esta risa hay una crítica estética que es vital para lograr la buena voluntad hacia los demás.

En el humor y en la risa se mira hacia la alegría de vivir y no hacia la amargura. Se supera el enfado, el malestar que sentimos y se busca lo positivo de la realidad de vivir. La persona se siente alegre, y su alegría le llleva a sentirse libre. El siguiente dicho popular de Salamanca expresa perfectamente los vínculos de la risa, el humor y la alegría, y, por tanto, de la libertad:

Alégrate corazón,
aunque sea por la tarde.
Corazón que no se alegra
nunca cría buena sangre.

En la antigua Grecia se empleaba el término "agelasteoi" para referirse a la persona sin risa o seria.

Los griegos, además, crearon el término juego como contrario a lo serio. El sentido del humor es el elemento o diferencia que rescata al ser humano ya que añade sentido común a la seriedad. De ahí que en el humor se establezca una dialéctica entre lo considerado serio y lo cómico o incongruente que se va descubriendo.

El tono serio se impone como la única forma capaz de expresar la verdad, el bien y, en general, todo lo que se considera importante y estimable. Así, mientras se excluye la risa, se incorporan otras variantes o matices de ese tono serio como son el miedo y la docilidad. Estos matices limitan la comunicación y obstaculizan la creatividad o libertad intelectual. Por otro lado, la seriedad tiene un carácter unilateral y exclusivista, y tiende a asumir un solo punto de vista.

En la medida que se está alejado del humor se falsifica la vida pues se niega o se relega la crítica que también hace al ser humano y le va dando forma y sentido a su vida. En el humor el ser humano se ubica en la frontera entre lo serio y lo cómico, y ofrece una perspectiva desde la que se observan ambos a la vez, y se descubre el orden o el caos en que se vive. Esta perspectiva realza y estimula la atención y amplía la curiosidad que lleva a buscar más comprensión y sentido de las cosas.

El secreto del humor

La complejidad del humor implica un proceso de madurez en que el sujeto se enfrenta a sus límites humanos con una actitud de alegre y resignada aceptación, con la ayuda de la risa y del juego con las contradicciones. Ese es el secreto del humor. Un secreto que consiste no sólo en un punto de vista nuevo, sino en una manera nueva de asomarse al mundo. Esta mirada consiste en ver la realidad por oposición, por contraste; es ver en polaridad, en paradoja; es observar el derecho y el revés al mismo tiempo.

Es un hecho que la humanidad se ha caracterizado más por sus dogmatismos que por su humor. El secreto del humor se ve afectado por el dogmatismo fanático que está incapacitado para la comprensiva tolerancia del humor. El dogmatismo no puede entender ni sentir el humor ya que respira en una atmósfera cargada de una seriedad abrumadora

El humor es conciencia de lo otro, presencia por ausencia; es alusión a lo contrario. Lo contradictorio, lo paradójico, es inherente y básico en el humor. El que carece de sentido del humor no lo toma en serio; lo toma como una broma, como una frivolidad que no es digna de su consideración. A este respecto, el escritor inglés George Bernard Shaw dijo en una ocasión

"cada broma es algo serio en el
seno del tiempo, y cuando algo parezca
cómico, búsquese en ello una verdad oculta;
y sólo mediante la risa se puede destruir
el mal sin maldad, y transmitir amistad sin
sentimentalismo."

El humor como escape al sufrimiento y al fracaso

El humor es un recurso con el que la persona se enfrenta a la tensión y la frustración; le ayuda a reducir la tensión; le permite enfrentarse a una situación difícil sin ser abrumado por una emoción negativa, como pueden ser el miedo, el enfado y la tristeza. Percibir elementos humorísticos de una situación proporciona una perspectiva distinta, puesto que en el fondo siempre hay una esperanza. Por eso considero que el humor es una alternativa al fracaso; en realidad, una alternativa al sentimiento de fracaso.

Una persona con sentido del humor tiene la habilidad para cambiar de marco de referencia. Esta habilidad le permite distanciarse de la amenaza inmediata de una situación de tensión y, por consiguiente, se reducen los sentimientos de ansiedad, de impotencia y de debilidad. Así se logra preservar el sentido de sí mismo. Es una manera saludable de sentir distancia entre sí mismo y el problema, de modo que los hechos se observan con cierta perspectiva y no nos tragan.

El humor como estética del desengaño, de la desilusión y del sufrimiento

Nuestra mente es lugar único y extraño que se alimenta de sus errores, desengaños, desilusiones y equivocaciones. La risa nos devuelve o rescata nuestra voz y nos devuelve la alegría de vivir.. La función del humorista es mostrar que las cosas humanas y el hombre y la mujer son como son y no como deberían ser. La persona se enfrenta al ineludible convencimiento de encarar el mundo y la vida como son y no como deberían ser. Es esencial aprender a dar por descontada la adversidad. Por eso lo denomino la "estética del desengaño."

A través del contraste, el humor ayuda a comprender la fuerza de los hechos. Si bien la lógica la brindan los hechos, con el humor se logra el desarrollo de un agudo espíritu de observación que tiene la predisposición para captar los contrastes y para recibir más profundamente la impresión de las incongruencias de la vida.

El humor es el ser humano en su contexto universal: lo inmediato y sus límites. Aunque las personas participan en este contexto acompañadas de la ignorancia, el desconocimiento y el asombro de la experiencia de descubrir, ante la estética del desengaño surge un proceso de revitalización de la espontaneidad y de la curiosidad juguetona que les mueve y reta a la creatividad y a la comprensión.

El humor es un hecho muy extraño en la vida del ser humano. Es mucho más fácil llevar al espectador o al lector al llanto, a la tristeza y al dolor, que llevarle al humor, a la espontaneidad. Lo primero descansa en el instinto; lo segundo, en la inteligencia. El humor aparece cuando se piensa y desaparece cuando se deja de pensar. A esto se podría añadir que el humor desaparece cuando se saca tiempo para no pensar.

Así como ver significó una evolución respecto al simple hecho de mirar, hacer humor ha significado una notable evolución con respecto al mero hecho de sentir. Como ha señalado Luigi Pirandello, el humor exige ambas cosas: el pensador y el artista. El artista siente un impulso mayor que las demás personas con respecto al sentido radical de lo incompleto de la vida. Con el humor se completa ese sentido radical de lo incompleto de la vida, de la sociedad.

El humorista no es un ingenuo, sino una persona lúcida --y, por tanto, crítica-- que conoce muy bien sus propias limitaciones y las de los demás. Se ríe de sí mismo al reconocer que no puede brincar fuera de su sombra.

Al humorista le caracteriza, además, la empatía y la alegría. En el humor, el ser humano se siente libre y, porque se siente libre, se siente alegre y con ganas de reír. El humorista elige sentirse bien. El humor es, pues, una disposición positiva, alegre. Significa algo humano-personal que aplica exclusivamente al ser humano. El ser humano tiene que enfrentarse a la tensión continua entre la libertad y la necesidad, entre la comprensión y la incomprensión, la duda y la perplejidad. En el humor se efectúa la superación de esta tensión. La alegría nos revela el humor.

Sólo puede llegar al humor quien está dispuesto a aceptar el mundo tal como es. El humor es posible mediante la afirmación de la realidad del mundo y de la realidad que uno mismo es y requiere una superación continua. El humor no puede adquirirse como una conducta duradera debido a que es expresión de madurez humana, y ésta no es algo estático. La madurez no es algo que se consigue de una vez para siempre, sino que se halla continuamente en la evolución de lo que se comprende. El humor, junto con la estética, acompañan a la persona en este proceso, aspirando a un dominio alegre de la vida.

EFECTOS TERAPÉUTICOS DEL HUMOR

La evidencia científica nos demuestra que con la comunicación humorística se desencadena un proceso terapéutico que facilita los siguientes procesos:

1. superar la tensión o estrés temporal o transitorio
2. entenderse con los demás
3. ajustarse a lo que no puede alterar o modificar
4. superar traumas o bloqueos mentales
5. despertar una actitud alegre, constructiva, festiva y carnavalesca de la vida

Se puede concluir que el humor es la vida sin teoría. Es la mente respirando con la complicidad amistosa, juguetona y estética de la experiencia de la comprensión y la imaginación.

Cada día se hace mas evidente la ausencia de humor entre los humanos, y la necesidad de trabajar el humor. Hay que partir del hecho ineludible de que sin ser humano no hay humor, y sin humor, no hay ser humano completo.